JN421491

하나 바이블

The Kingdom of God in the Bible
하나 바이블은 성경 속에서 하나님 나라를 배우는 책입니다.
왕관은 하나님의 통치, 길은 하나님 나라 백성의 삶을 의미합니다.

교회용

초등부
3과정·1학기
학생용

"하나님 나라의 전파"

하나 바이블

교회 :

이름 :

대한예수교장로회총회

CONTENTS

성경 약자표

성경목록가♪

구약

약자	성경	약자	성경	약자	성경	약자	성경
창	1 창세기	출	2 출애굽기	레	3 레위기	민	4 민수기
신	5 신명기	수	6 여호수아	삿	7 사사기	룻	8 룻기
삼상	9 사무엘상	삼하	10 사무엘하	왕상	11 열왕기상	왕하	12 열왕기하
대상	13 역대상	대하	14 역대하	스	15 에스라	느	16 느헤미야
에	17 에스더	욥	18 욥기	시	19 시편	잠	20 잠언
전	21 전도서	아	22 아가	사	23 이사야	렘	24 예레미야
애	25 예레미야 애가	겔	26 에스겔	단	27 다니엘	호	28 호세아
욜	29 요엘	암	30 아모스	옵	31 오바댜	욘	32 요나
미	33 미가	나	34 나훔	합	35 하박국	습	36 스바냐
학	37 학개	슥	38 스가랴	말	39 말라기		

신약

약자	성경	약자	성경	약자	성경	약자	성경
마	1 마태복음	막	2 마가복음	눅	3 누가복음	요	4 요한복음
행	5 사도행전	롬	6 로마서	고전	7 고린도전서	고후	8 고린도후서
갈	9 갈라디아서	엡	10 에베소서	빌	11 빌립보서	골	12 골로새서
살전	13 데살로니가전서	살후	14 데살로니가후서	딤전	15 디모데전서	딤후	16 디모데후서
딛	17 디도서	몬	18 빌레몬서	히	19 히브리서	약	20 야고보서
벧전	21 베드로전서	벧후	22 베드로후서	요일	23 요한일서	요이	24 요한이서
요삼	25 요한삼서	유	26 유다서	계	27 요한계시록		

3 × 9 = 27

구약 39권 · 신약 27권

성경은 구약 39권, 신약 27권으로
총 66권으로 나누어져 있어요.
(3×9=27로 쉽게 기억하세요!)

QR: 성경약어송♪

성경 말씀을 찾는 방법

❶ **구약**인지 **신약**인지 찾아요.

····▸ **성경은 구약과 신약으로 나누어져 있어요.**

❷ 성경책 옆에 있는 **약자**를 찾아 성경을 펴요.

····▸ **약자는 성경책명을 줄이는 방식으로 되어 있어요.**

❸ **장**을 찾아요. ····▸ **성경의 큰 숫자는 장을 나타내요.**

❹ **절**을 찾아요. ····▸ **성경의 작은 숫자는 절을 나타내요.**

성경 구절을 찾는 방법을 연습해 보아요.

♥ 사도행전 1장 8절(행 1:8)

① 사도행전은 구약인가요, 신약인가요? ▸ ② 사도행전의 약자는 무엇인가요? ▸ ③ 큰 숫자 1을 찾았나요? ▸ ④ 작은 숫자 8을 찾아보세요.

"오직 성령이 너희에게 임하시면 너희가 권능을 받고 예루살렘과 온 유대와 사마리아와 땅 끝까지 이르러 내 증인이 되리라 하시니라" (행 1:8)

♥ 로마서 6장 11절(롬 6:11)

① 로마서는 구약인가요, 신약인가요? ▸ ② 로마서의 약자는 무엇인가요? ▸ ③ 큰 숫자 6을 찾았나요? ▸ ④ 작은 숫자 11을 찾아보세요.

"이와 같이 너희도 너희 자신을 죄에 대하여는 죽은 자요 그리스도 예수 안에서 하나님께 대하여는 살아 있는 자로 여길지어다" (롬 6:11)

♥ 빌립보서 4장 6절(빌 4:6)

① 빌립보서는 구약인가요, 신약인가요? ▸ ② 빌립보서의 약자는 무엇인가요? ▸ ③ 큰 숫자 4를 찾았나요? ▸ ④ 작은 숫자 6을 찾아보세요.

"아무 것도 염려하지 말고 다만 모든 일에 기도와 간구로, 너희 구할 것을 감사함으로 하나님께 아뢰라" (빌 4:6)

미션북 사용법

미션북은 주중에 배운 말씀을 복습하고 예습할 수 있는 주중 교재예요.
미션북은 '성경 이야기 영상, 성경스토리, 미션1, 미션2, 미션3, 질문 있어요!'로 구성되어 있어요.

1과 사도행전 1장 3-11절

예수님은 제자들에게 무엇을 명령하셨나요?

Point 예수님은 제자들에게 하나님 나라 전파를 명령하셨어요.

성경이야기

부활하신 예수님은 40일 동안 제자들에게 나타나셔서 '하나님 나라의 일'에 대해 가르치셨어요. 그리고 하늘로 올라가시기 전에 제자들에게 예루살렘에서 하나님이 약속하신 성령을 기다리라고 말씀하셨어요. 성령이 제자들에게 임하시면 능력을 받아 예루살렘과 온 유대와 사마리아와 땅끝까지 이르러 예수님의 증인이 될 것이라고 하셨어요. 예수님은 제자들에게 성령님의 능력을 받아 하나님 나라를 전파하라고 명령하셨어요. 우리도 하나님 나라의 전파 명령을 마음에 품고 성령의 능력을 사모하며 살아요.

미션1 요절 카드로 암송하고 빈칸 채우며 확인하기 (사도행전 1장 8절)

오직 ( ) 이 너희에게 ( ) 면 너희가 ( ) 을 받고 ( ) 과 온 ( ) 와 ( ) 와 ( ) 까지 이르러 내 ( ) 이 되리라 하시니라( ) 행전 ( ) 장 ( ) 절)

8 | 초등부 미션북

성경 이야기 영상을 보고 성경스토리를 읽는다.

주일 설교 말씀을 기억하며 영상을 보고 성경스토리를 읽으세요.

미션1 | 요절 카드로 암송하고 빈칸을 채우며 확인한다.

입에서 자연스럽게 나올 수 있도록 요절 카드를 활용해 암송한 후 빈칸을 채우며 확인해요.

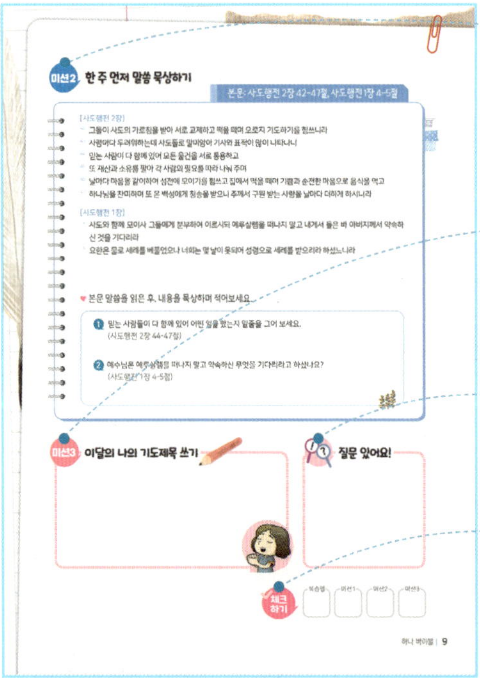

미션2 한 주 먼저 말씀 묵상하기

본문: 사도행전 2장 42-47절, 사도행전 1장 4-5절

[사도행전 2장]
그들이 사도의 가르침을 받아 서로 교제하고 떡을 떼며 오로지 기도하기를 힘쓰니라
사람마다 두려워하는데 사도들로 말미암아 기사와 표적이 많이 나타나니
믿는 사람이 다 함께 있어 모든 물건을 서로 통용하고
또 재산과 소유를 팔아 각 사람의 필요를 따라 나눠 주며
날마다 마음을 같이하여 성전에 모이기를 힘쓰고 집에서 떡을 떼며 기쁨과 순전한 마음으로 음식을 먹고
하나님을 찬미하며 또 온 백성에게 칭송을 받으니 주께서 구원 받는 사람을 날마다 더하게 하시니라

[사도행전 1장]
사도와 함께 모이사 그들에게 분부하여 이르시되 예루살렘을 떠나지 말고 내게서 들은 바 아버지께서 약속하신 것을 기다리라
요한은 물로 세례를 베풀었으나 너희는 몇 날이 못되어 성령으로 세례를 받으리라 하셨느니라

♥ 본문 말씀을 읽은 후, 내용을 묵상하며 적어보세요.

1. 믿는 사람들이 다 함께 있어 어떤 일을 했는지 밑줄을 그어 보세요. (사도행전 2장 44-47절)
2. 예수님은 예루살렘을 떠나지 말고 약속하신 무엇을 기다리라고 하셨나요? (사도행전 1장 4-5절)

미션3 이달의 나의 기도제목 쓰기

질문 있어요!

체크하기 복습영 미션1 미션2 미션3

하나 바이블 | 9

미션2 | 본문 말씀을 읽은 후 내용을 묵상하며 질문에 답을 적는다.

한 주 먼저 말씀을 묵상함으로 주일에 말씀을 잘 깨달을 수 있어요. 절기&특별 공과는 주일에 배운 말씀을 복습하며 묵상해요.

미션 3 | 매주 달라지는 미션을 실천한다.

미션3은 이달의 나의 기도제목 쓰기, 하나 실천 계획, 감사 제목 3가지 쓰기, 단원 영상 보고 요약하기(가사 써보기) 등으로 구성되어 있어요.

'질문 있어요!'

이해가 안 되거나 궁금한 내용을 적어 두었다가 선생님께 질문할 수 있어요.

미션을 실천한 후 체크하기에 O, X를 표시한다.

모든 미션을 실천한 후 체크리스트(미션북 60p)에 스티커를 붙이고 주일에 선생님께 확인(교회용 60p, 스티커&사인)을 받으세요.

초등부 학생용 앱(APP) 활용법

하나 바이블

사용법/앱다운로드

[하나 바이블 초등부] 앱(APP)은
종이 교재를 벗어나 **입체적인 신앙교육**을 가능하게 해요.
이제 하나 바이블 초등부 앱을 통해 언제, 어디에서나
성경스토리 애니메이션, 단원찬양, 챈트영상을 보며
미리 학습하거나 다시 보며 복습할 수 있어요.

1단계

스토어에서
"하나 바이블 초등부"앱을
내려 받아 설치해요.

—

안드로이드폰과 아이폰에서
모두 사용할 수 있어요.

2단계

하나 바이블 초등부 앱을
실행한 후 '학생/학부모
입니다'를 선택해요.

—

학생/학부모는 회원가입을
하지 않아도 사용할 수 있어요.

3단계

사용하는 공과의 과정
(3과정 1학기)을
선택하고 보고 싶은
영상을 시청해요.

—

성경스토리, 단원찬양, 챈트,
미션북 정답, QT, 신앙점검,
음악감상, 게임 등을 할 수 있어요.

4단계

매일 '신앙점검'에서
성경 읽기 체크, 기도,
감사, 세 줄 일기를 써요.

5단계

토요일은 미션북과 함께
영상을 보며
이번 주에 배울 말씀을
미리 학습해요.

1과

예수님은 제자들에게 무엇을 명령하셨나요?

요절챈트♪

사도행전 1장 3-11절

외울말씀 오직 성령이 너희에게 임하시면 너희가 권능을 받고 예루살렘과 온 유대와 사마리아와 땅 끝까지 이르러 내 증인이 되리라 하시니라
(사도행전 1장 8절 | 행 1:8)

Start 하나님! 예수님이 제자들에게 무엇을 명령하셨는지 알고 우리도 그 명령에 순종하게 해주세요.

말씀 속으로 예수님이 승천하시는 현장에 있었던 사람들의 이야기예요. 네 가지 질문의 빈칸을 완성하고 친구와 역할극을 하며 예수님이 무엇을 명령하셨는지 확인해 보세요.

기자: 예수님은 무엇을 기다리라고 하셨나요?

제자1: (ㅇ ㄹ ㅅ ㄹ)을 떠나지 말라고 하셨어요.(4절)

제자2: 아버지께서 (ㅇ ㅅ) 하신 것을 기다리라고 하셨어요.(4절)

기자: 약속하신 것이 무엇인가요?

제자3: 우리에게 이미 말씀하셨고 우리가 들은 것이라고 하셨어요.(4절)

제자4: 요한은 물로 세례를 주었지만, 우리는 얼마 안 있어 (ㅅ ㄹ)으로 세례를 받으리라고 하셨어요.(5절)

기자: 약속하신 성령이 임하시면 어떻게 된다고 하셨나요?

제자3: 우리가 (ㄱ ㄴ)을 받는다고 하셨어요. (8절)

제자4: 예루살렘과 온 유대 뿐 아니라 사마리아와 땅끝까지 이르러 예수님의 (ㅈ ㅇ)이 될 것이라고 하셨어요. (8절)

기자: 말씀을 마치신 예수님은 어디로 가셨나요?

제자1: 우리가 보는 앞에서 (ㅎ ㄴ)로 올라가셨어요.(9절)

제자2: 갑자기 흰 옷 입은 두 사람이 나타나서 하늘로 가심을 본 그대로 (ㄷ ㅅ)오실 것이라고 했어요.(10-11절)

예수님이 제자들에게 주신 명령을 기억하며 하나님 나라를 어디까지 전파하라고 하셨는지 적어보세요.

"오직 ㅅ ㄹ 이 너희에게 임하시면 너희가 ㄱ ㄴ 을 받고
ㅇ ㄹ ㅅ ㄹ 과 온 ㅇ ㄷ 와 ㅅ ㅁ ㄹ ㅇ 와 ㄸ ㄲ 까지 이르러
내 ㅈ ㅇ 이 되리라 하시니라" (8절)

☆증인: 직접 보고 들은 것을 증거하는 사람

Point 예수님은 제자들에게 하나님 나라 전파를 명령하셨어요.

생활 속으로

우리는 하나님 나라를 전파하는 증인이에요. 예수님을 소개하는 카드 뉴스를 보며 친구와 이야기해요.

이렇게 사용해요

카드 뉴스

1. 부록에서 ‘카드 뉴스’ 세 장을 뜯어요.
2. 카드 뒷면의 내용을 읽으며 예수님이 어떤 분인지 기억해요.
3. 카드의 그림을 친구에게 보여주며 예수님이 어떤 분인지 소개해요.
4. 친구와 역할을 바꾸어 이야기해요.

하나님 나라를 전파하는 증인의 삶을 살기로 결심하며 타임캡슐을 적어요.

1. 부록에서 ‘타임캡슐’ 용지를 뜯어요.
2. 이번 학기에 내가 꼭 전도하고 싶은 친구의 이름을 적어요.
(1명 이상)
3. 우리 반 친구 중에서 오랫동안 결석하고 있는 친구 중 함께 기도할 친구의 이름을 적어요.
4. 이번 학기에 꼭 이루어지길 원하는 나의 기도 제목을 적어요.
5. 반 친구들과 함께 개봉일을 정하고 스마트폰에 일정을 등록해요.
6. 용기에 넣어서 적당한 곳에 보관해요.
7. 개봉일에 함께 모여 하나님이 어떻게 응답하셨는지 확인해요.

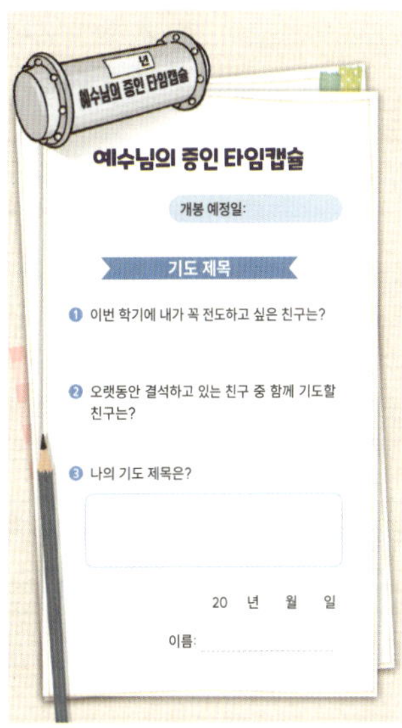

Ending

하나님! 예수님이 주신 명령을 잘 기억하고 하나님 나라를 전파하는 증인이 되게 해주세요.

교회가 해야 할 일은 무엇인가요?

2과

사도행전 2장 42-47절

외울말씀 하나님을 찬미하며 또 온 백성에게 칭송을 받으니 주께서 구원 받는 사람을 날마다 더하게 하시니라 (사도행전 2장 47절 | 행 2:47)

Start

하나님! 하나님 나라를 전파하는 교회인 우리가 하나가 되어 필요한 것을 나누게 해주세요.

말씀 속으로

초대교회 성도들의 모습은 어떠했을까요? 예루살렘교회를 소개하는 안내문이에요. 내용을 읽으며 맞는 말을 골라 동그라미(O) 하세요.

예루살렘교회를 소개합니다

1. 사도의 가르침을 받아 서로 (교제, 미워)했어요. (42절)
2. 오로지 (장사, 기도)하기를 힘썼어요. (42절)
3. (사도, 성도)들로 말미암아 기사와 표적이 많이 나타났어요. (43절)
4. 믿는 사람들이 다 함께 모여 모든 물건을 서로 (통용, 도둑질)했어요. (44절)
5. 재산과 소유를 팔아 각 사람의 필요를 따라 (빼앗아, 나누어)주었어요.(45절)
6. 날마다 마음을 같이하여 (쉬는 곳, 성전)에 모이기를 힘썼어요. (46절)
7. 집에서 떡을 떼며 기쁨과 (순전한, 미워하는) 마음으로 음식을 먹었어요. (46절)
8. 하나님을 (불순종, 찬미)하며 또 온 백성에게 칭송을 받았어요. (47절)

초대교회가 이렇게 하나가 되었을 때 어떤 결과가 일어났나요?

"하나님을 찬미하며 또 온 백성에게 칭송을 받으니

주께서 ㄱ ㅇ 받는 사람을 날마다 ㄷ ㅎ ㄱ 하시니라" (47절)

Point 하나님 나라를 전파하는 교회는 하나가 되어 필요한 것을 나누어요.

생활 속으로

우리는 초대교회처럼 모이기를 힘쓰며 서로 나누어요. 내가 가진 물건 중 친구들과 나누고 싶은 것이 있나요? 부록의 '나눔 카드'에 물건의 이름을 적고 서로 나누어요.

이렇게 사용해요

나눔 카드

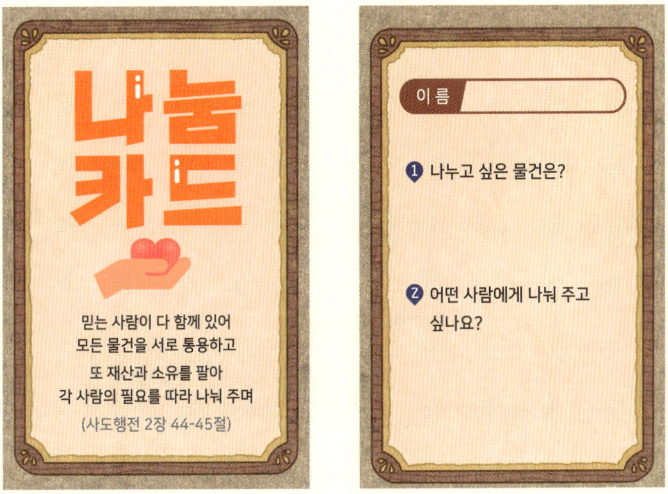

1. 부록에서 '나눔 카드' 두 장을 뜯어요.
2. 내가 가지고 있는 물건 중에서 친구와 나누고 싶은 물건의 이름을 적거나 그림으로 그려요.
3. 어떤 사람에게 나누어 주고 싶은지를 적어요.
4. 한 명씩 돌아가며 자신의 물건을 간단히 소개해요. (모든 소개가 끝난 후 나눔을 진행해요.)
5. 선생님이 모든 카드를 모은 후 한 장씩 뒤집으며 필요한 친구들에게 나누어 주어요.
6. 다음 주일에 소개한 물건을 가져와 나의 나눔 카드를 가져간 친구에게 전달해요.

Tip 한 가지 물건을 여러 명이 필요하다고 할 때는 필요한 이유를 각자 발표하고 정해요.

Ending

하나님! 초대교회가 필요한 물건을 서로 나누고 자주 모여서 하나가 되었던 것처럼, 우리도 하나가 되어 서로 나눌 수 있게 해주세요.

3과 하나님 나라는 어떻게 전파되나요?

사도행전 3장 1-10절

외울말씀 베드로가 이르되 은과 금은 내게 없거니와 내게 있는 이것을 네게 주노니
나사렛 예수 그리스도의 이름으로 일어나 걸으라 하고
(사도행전 3장 6절 | 행 3:6)

Start 하나님! 어떻게 하나님 나라를 전파할 수 있을지 깨닫게 해주세요.

말씀 속으로 태어나면서부터 걷지 못하던 사람이 고침을 받은 '찬양 일기'예요. 이모티콘을 보며 어떻게 고침을 받게 되었는지 이야기한 후, 내용 스티커를 붙이며 확인해요.

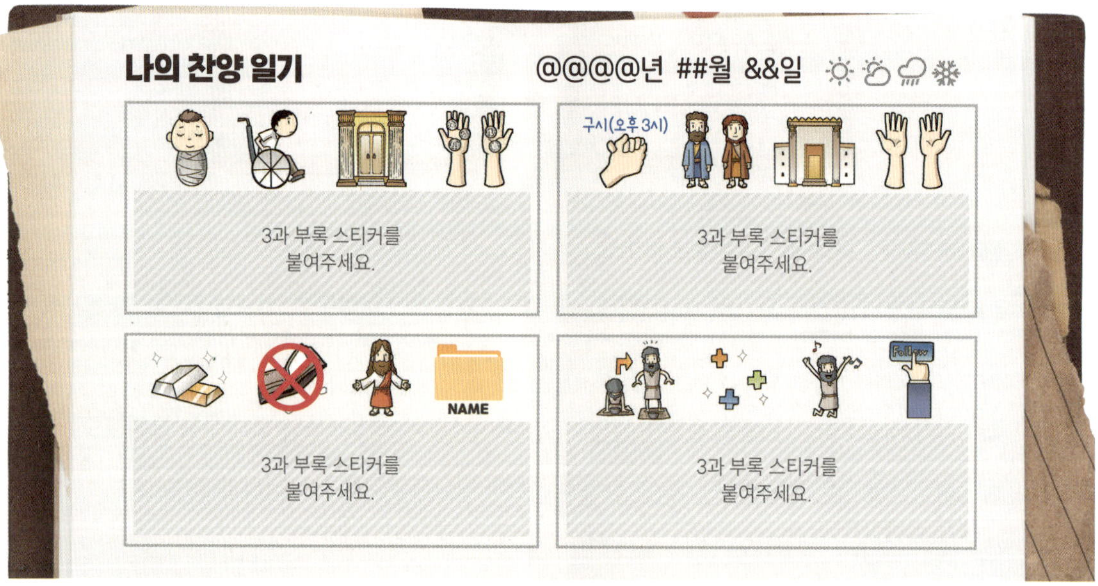

베드로와 요한에게 없는 것과 있는 것은 무엇이었나요? 말씀의 빈칸을 채우며 무엇이 걷지 못하는 사람을 걷게 했는지 이야기해 보세요.

"베드로가 이르되 (ㅇ)과 (ㄱ)은 내게 없거니와 내게 있는 이것을 네게 주노니
나사렛 (ㅇ)(ㅅ) (ㄱ)(ㄹ)(ㅅ)(ㄷ)(ㅇ) (ㅇ)(ㄹ)으로 일어나 걸으라 하고" (6절)

♥ 없는 것: _____ , _____ ♥ 있는 것: ______________________

Point 하나님 나라는 예수님의 이름의 능력으로 전파돼요.

생활 속으로

베드로와 요한처럼 우리도 예수님의 이름의 능력으로 하나님 나라를 전파하고 이웃을 섬기며 사랑할 수 있어요. 예수님 이름의 능력을 잊지 않도록 '기억 책갈피'를 만들어요.

이렇게 사용해요

기억 책갈피

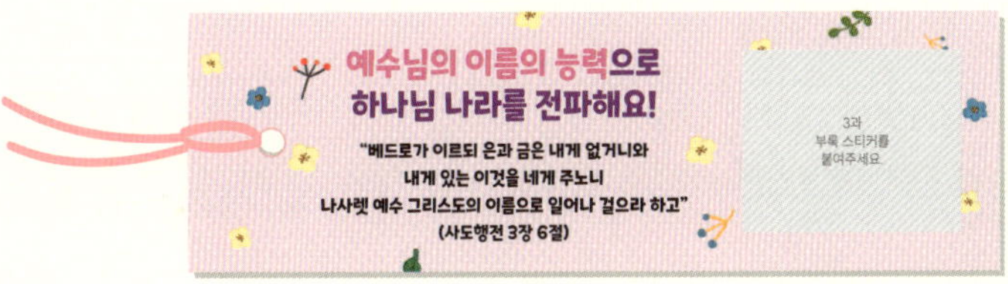

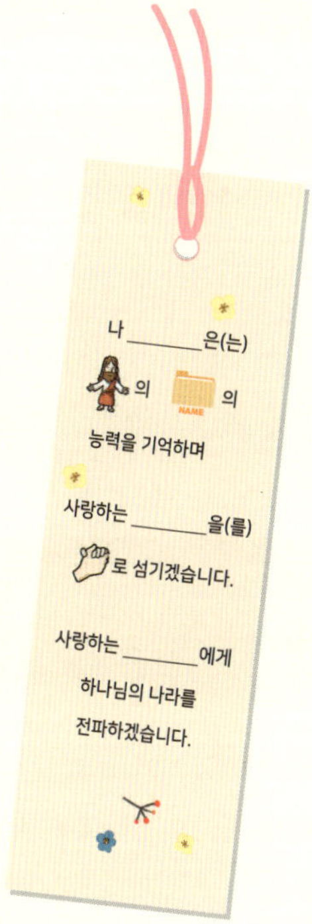

1. 부록에서 '기억 책갈피'를 뜯어요.
2. 책갈피에 있는 문장을 큰 소리로 함께 읽어요.
3. 부록의 그림 스티커를 붙이며 배운 말씀을 기억해요.
4. 책갈피 뒷면의 내용을 읽으며 이름을 적어요.
5. 예수님의 이름의 능력으로 누구를 섬기고 싶은지 생각하고 이름을 적어요. (친구, 가족, 친척 등)
6. 예수님의 이름의 능력을 전해주고 싶은 친구의 이름을 적어요.
7. 성경책에 꽂아두고 책을 펼 때마다 예수님의 능력을 기억하며 결단한 내용을 실천해요.

Ending

하나님! 예수님의 이름의 능력을 힘입어 하나님 나라를 전파하고 친구를 위해 기도하며 이웃을 섬기고 사랑할 수 있게 해주세요.

4과 하나님 나라를 전파할 때 무엇을 의지하나요?

사도행전 6장 8-15절

외울말씀 스데반이 지혜와 성령으로 말함을 그들이 능히 당하지 못하여
(사도행전 6장 10절 | 행 6:10)

Start

하나님! 방해와 박해 속에서 어떻게 담대하게 예수님을 전할 수 있을지 말씀을 통해 깨닫도록 도와주세요.

말씀 속으로

스데반의 인생 네 컷 이야기예요. 내용을 보며 빈칸을 채우고 그림 스티커를 붙여 스데반을 통해 일어난 하나님 나라 전파 이야기를 완성해 주세요.

스데반의 인생 네 컷

4과 부록 스티커를 붙여주세요.
← 스데반이 은혜와 권능이 충만하여 큰 기사와 표적을 행하며 하나님 나라를 전했어요. (8절)

4과 부록 스티커를 붙여주세요.
← 각지에서 온 사람들이 스데반과 더불어 논쟁했지만, 스데반이 지혜와 성령으로 말함을 그들이 (ㄴ ㅎ ㄷ ㅎ ㅈ) 못했어요. (9-10절)

4과 부록 스티커를 붙여주세요.
← 그들은 사람들을 매수하여 스데반이 '모세와 하나님을 모독하는 말을 했다'고 (ㄱ ㅈ ㅈ ㅇ)을 세우고 백성과 장로와 서기관들을 충동시켜 스데반을 잡게 했어요. (11-12절)

4과 부록 스티커를 붙여주세요.
← 거짓 증인들로 인해 공회에 붙잡혀 왔지만 사람들이 스데반의 얼굴을 보니 (ㅊ ㅅ)의 얼굴과 같았어요. (15절)

스데반이 세상의 방해와 박해에도 담대하게 예수님을 전할 수 있었던 이유는 무엇인가요?

"스데반이 ㅈ ㅎ 와 ㅅ ㄹ 으로 말함을 그들이 능히 당하지 못하여" (10절)

Point 지혜와 성령의 능력을 의지해 하나님 나라를 전파해요.

생활 속으로

두려운 상황 속에서 담대하게 하나님 나라를 전파할 수 있도록 서로 기도해 주고 믿음으로 결단해요!

이렇게 사용해요

상황 카드와 기도 카드

1. 부록에서 '상황 카드와 기도 카드'를 뜯어 앞에 내려놓아요.
2. 상황 카드 뒷면에 하나님 나라를 전할 때 어렵고 두려운 상황을 적어요.
3. 상황 카드를 모아서 뒤집은 후 잘 섞어요.
4. 상황 카드를 한 장 뽑아 친구들이 기록한 내용을 읽어요.
5. 기도 카드 뒷면의 기도문을 함께 읽으며 상황 카드를 적은 사람을 위해 기도해요.
6. 우리가 기도한 카드가 누구의 것인지 맞혀본 후 친구에게 돌려줘요.
7. 4-6번을 반복하며 카드를 뽑고 함께 기도해요.
   모두 끝나면 자신의 상황 카드 위에 기도 카드를 덮고 기도 카드의 앞면에 있는 글씨를 큰 소리로 읽으며 함께 선포해요. "하나님, 나에게 지혜와 성령의 능력을 주세요."

예 친구가 나를 이상하게 생각할까 봐 겁이 나서 교회에 가자고 이야기하지 못했어요.
식사시간에 기도하고 밥을 먹으려는데 친구가 놀려서 제대로 기도하지 못했어요.

Ending

하나님! 복음을 전하기 불편하고 어려운 상황 속에서도 담대하게 하나님을 전할 수 있도록 도와주세요.

5과

하나님 나라는 어려움 속에서 어떻게 전파되나요?

사도행전 8장 1-8절

외울말씀 빌립이 사마리아 성에 내려가 그리스도를 백성에게 전파하니 (사도행전 8장 5절 | 행 8:5)

Start

하나님! 어려움 속에서도 하나님의 계획이 어떻게 전파되는지 잘 알 수 있도록 도와주세요.

말씀 속으로

예루살렘교회에 어려움이 일어났어요. 빈칸을 채우고 어려움 속에서 하나님 나라는 어떻게 되었는지 이야기해 보세요.

지도를 통해 보는 하나님의 계획

1. 예루살렘교회에 (ㅋ)(ㅂ)(ㅎ)가 있었어요. (1절)
2. 예루살렘교회 성도들이 (ㅇ)(ㄷ)와 (ㅅ)(ㅁ)(ㄹ)(ㅇ) 모든 땅으로 흩어졌어요. (1절)
3. (ㅅ)(ㅇ)이 교회를 박해하고 성도들을 옥에 넘겼어요. (3절)
4. (ㅎ)(ㅇ)(ㅈ) (ㅅ)(ㄹ)(ㄷ)이 두루 다니며 (ㅂ)(ㅇ)(ㅇ) (ㅁ)(ㅆ)을 전했어요. (4절)
5. 빌립이 (ㅅ)(ㅁ)(ㄹ)(ㅇ) 성에 내려가 그리스도를 백성에게 전했어요. (5절)
6. 많은 병자들이 나으니 사마리아 성에 (ㅋ) (ㄱ)(ㅃ)이 있었어요. (8절)

사마리아 성에 어떻게 복음이 전해졌나요?

"그 (ㅎ)(ㅇ)(ㅈ) (ㅅ)(ㄹ)(ㄷ)이 두루 다니며 복음의 말씀을 전할새 빌립이 사마리아 성에 내려가 그리스도를 백성에게 (ㅈ)(ㅍ)하니" (4-5절)

Point 하나님 나라는 어려움 속에서도 하나님의 말씀대로 전파돼요.

생활 속으로

전도할 때 나에게 가장 힘든 부분은 무엇인가요? 어떻게 하면 해결할 수 있을지 '반전 딱지'를 만들며 함께 생각해요.

이렇게 만들어요

반전 딱지

1. 부록에서 '반전 딱지'를 뜯어요.
2. 가운데 빈 네모 부분을 떼어내요.
3. 앞면의 좌우측 풀칠하는 곳에 풀을 칠한 후 선을 따라 접어요.
4. 접히면 보이는 풀칠하는 곳에 풀을 칠한 후 접어요.
5. 가운데 선을 따라 펼치면서 하나님이 어떻게 상황을 바꾸어 주시는지 확인해요.

❶ 그림 가운데를 양 옆으로 펼치세요.

❷ 그림 가운데를 위, 아래로 펼치세요.

❸ 그림 가운데를 양 옆으로 펼치세요.

❹ 그림 가운데를 위, 아래로 펼치세요.

어떠한 어려움 속에서도 하나님의 말씀은 전파된다는 것을 기억하며, 전도하기 위해 노력하고 있지만 아직 교회에 나오지 않는 친구를 위해 '한 문장 기도문'을 적고 함께 기도해요.

하나님, 내가 꼭 전도하고 싶은 내 친구 __________을(를) 위해 기도해요.

____

____

예수님의 이름으로 기도합니다. 아멘!

Ending

하나님! 박해의 순간에도 성령께서 하나님의 말씀이 전파되게 하신 것을 기억하고, 우리도 우리가 있는 곳에서 하나님의 말씀을 전할 수 있도록 도와주세요.

6과 하나님은 누구를 만나게 하시나요?

사도행전 8장 26-40절

외울말씀 성령이 빌립더러 이르시되 이 수레로 가까이 나아가라 하시거늘
(사도행전 8장 29절 | 행 8:29)

Start 하나님! 만남을 통해 하나님이 원하시는 것이 무엇인지 알게 도와주세요.

말씀 속으로 하나님은 복음이 필요한 내시에게 빌립을 보내 만나게 하셨어요. 아래의 대화를 보며 누구의 말인지 말풍선에 이름 스티커를 붙이고 동그라미(○)에 번호를 써서 대화의 순서를 완성해보세요.

1 일어나서 남쪽으로 향하여 예루살렘에서 가사로 내려가는 길까지 가라. (26절) [이름 스티커를 붙여주세요.]

○ 이 수레로 가까이 나아가라. (29절) [이름 스티커를 붙여주세요.]

○ 지도해 주는 사람이 없어서 깨달을 수 없습니다. (31절) [이름 스티커를 붙여주세요.]

[이름 스티커를 붙여주세요.] 읽는 것을 깨닫고 있습니까? (30절) ○

[이름 스티커를 붙여주세요.] 선지자가 말하는 사람이 누구를 가리키는 것입니까? (34절) ○

[이름 스티커를 붙여주세요.] 그분은 바로 예수님입니다. (35절) ○

[이름 스티커를 붙여주세요.] 보시오. 여기 물이 있으니 내가 세례를 받고 싶습니다. (36절) ○

주의 사자가 빌립에게 가사로 내려가는 광야 길로 가라고 하신 이유는 무엇일까요?

"빌립이 입을 열어 이 글에서 시작하여 예수를 가르쳐 (ㅂ)(ㅇ)을 전하니" (35절)

Point 하나님은 복음이 필요한 사람을 만나게 하세요.

생활 속으로

하나님은 만남을 통해 복음을 전하게 하세요. 내가 만나는 사람들에게 어떻게 예수님을 전하면 좋을지 복음 미션을 만들고 실천해요.

 # 자주 만나는 사람

복음 미션은?

 # 가끔 만나는 사람

복음 미션은?

 # 우연히 만난 사람

복음 미션은?

Tip 복음 미션은 전하고 싶은 말이나 행동을 기록할 수 있어요. # 필수 단어: 예수님

하나님은 만남을 통해 복음을 전하게 하세요. 만남을 통해 내 친구가 예수님을 믿을 수 있도록 한 주 동안 기도하기로 결심해요. 아래의 다짐문에 이름을 적고 결심한 후, 복음 미션을 어떻게 실천했는지 주간 점검표에 기록해요.

나의 다짐

나는 하나님이 주신 모든 만남을
예수님을 전하는 기회로 생각하며
복음이 필요한 모든 사람에게 예수님의 사랑을
꼭 전할 것을 다짐합니다.

_______년 ___월 ___일

이름 ____________ (사인)

요일	실천 내용
주 일	
월요일	
화요일	
수요일	
목요일	
금요일	
토요일	

Ending

하나님! 우리가 만나는 모든 만남을 하나님이 허락하신 기회로 생각하고, 예수님을 전하며 살아가는 우리가 되게 도와주세요.

7과

하나님 나라는 누구를 통해 전파되나요?

요절챈트♪

사도행전 9장 1-16절
갈라디아서 1장 16절

외울말씀 이 사람은 내 이름을 이방인과 임금들과 이스라엘 자손들에게 전하기 위하여 택한 나의 그릇이라
(사도행전 9장 15절 하반절 | 행 9:15하)

Start 하나님! 하나님 나라가 전파될 때 누구를 통해 전파되고, 나는 무엇을 해야 하는지 깨닫게 도와주세요.

말씀 속으로 사울은 예수님을 만난 후 어떻게 변화되었을까요? 사울과 관련된 두 개의 문서를 보며 사울의 변화된 모습을 찾아보세요.

협 조 문

수 신 대제사장
제 목 예수를 따르는 자들의 예루살렘 호송 건
사용처 다메섹 여러 회당

1. 존경하는 대제사장님과 예루살렘 회당의 무궁한 발전을 기원합니다.
2. 최근 예수를 따르는 자들로 인해 유대교가 위협을 받고 있습니다.
2. 다메섹에 있는 (ㅇ ㅅ)를 따르는 사람을 남녀를 막론하고 결박하여 예루살렘으로 (ㅈ ㅇ) 오려 하오니 승인해 주시기 바랍니다. (2절)

신청인: 사울 (인)

추 천 서

이 름 사울
제 목 이방의 복음 전파를 위한 추천의 건
주 소 직가(유다의 집)
추천 이유

1. 다메섹으로 가는 길에서 나를 만나 변화되었다. (3절)
2. 이 사람은 (ㄴ ㅇ ㄹ)을 이방인과 임금들과 이스라엘 자손들에게 (ㅈ ㅎ ㄱ) 위하여 택한 나의 그릇이다. (15절)
3. 그가 (ㄴ ㅇ ㄹ)을 위하여 얼마나 (ㄱ ㄴ)을 받아야 할 것을 내가 그에게 보이리라. (16절)

추천인: 예수 (인)

핍박자였던 사울을 통해 하나님은 어떤 일을 하셨나요?

"가라 이 사람은 내 이름을 ㅇ ㅂ ㅇ 과 임금들과 이스라엘 자손들에게
전하기 위하여 ㅌ ㅎ ㄴ ㅇ ㄱ ㄹ 이라" (15절)

Point 하나님 나라는 부활하신 예수님을 만나 부르심을 받은 사람을 통해 전파돼요.

생활 속으로

우리는 사울과 같이 하나님 나라 전파를 위해 부르심을 받았어요. 나의 부르심을 생각하며 아래 임명장에 '아멘' 스티커를 붙이고 나의 부르심을 점검해요.

하나님 나라 전파 임명장

교회:　　　　　부서:

이름: ____________________

1. 나는 부활하신 예수님을 믿어요. (스티커를 붙여주세요.)
2. 하나님 나라 전파를 위해 나를 부르신 것을 믿어요. (스티커를 붙여주세요.)
3. 하나님 나라 전파를 위해 그리스도인답게 살겠어요. (스티커를 붙여주세요.)

______년 ____월 ____일

하나님 나라 전파를 위해 나는 무엇을 할 수 있을까요? 어디에서(where) 어떻게(How) 할지 아래의 빈칸에 적고 한 주 동안 실천해요.

Where? ____________________

How? ____________________

____

Where? ____________________

How? ____________________

____

예 집-성경 말씀을 읽어요. 찬양을 들어요. | 학교-밥 먹기 전에 기도해요. 선생님 말씀을 잘 들어요. 학원-안 믿는 친구들에게 복음을 전해요. 친구들과 사이좋게 지내요. | 길-쓰레기를 주워요. 전도지를 전해줘요. 교회-내가 쓴 물건을 정리해요. 새로 온 친구를 도와줘요.

Ending

하나님! 바울과 같이 우리도 하나님 나라를 위해 부르셨음을 알고, 우리가 있는 곳에서 하나님 나라를 전할 수 있게 믿음과 담대한 용기를 허락해 주세요.

8과 하나님 나라는 누구의 인도하심으로 전파되나요?

사도행전 10장 30-35, 44-48절

외울말씀 이에 베드로가 이르되 이 사람들이 우리와 같이 성령을 받았으니 누가 능히 물로 세례 베풂을 금하리요 하고 (사도행전 10장 47절 | 행 10:47)

Start 하나님! 하나님 나라가 성령의 인도하심으로 전파될 때, 우리는 어떻게 행동해야 하는지 깨닫게 도와주세요.

말씀 속으로 하나님은 고넬료와의 만남을 통해 베드로가 가지고 있던 편견을 바꾸어 주셨어요. 어떤 일이 있었는지 빈칸을 채우며 확인해 보세요.

베드로가 가지고 있던 편견

(ㅇ ㄷ ㅇ)만 성령을 받을 수 있다. (14, 45절)

베드로의 바뀐 생각

이방인도 (ㅅ ㄹ)을 받을 수 있다. (47절)

고넬료와 그의 주변 사람들에게 일어난 일

1. 성령이 말씀을 듣는 (ㅁ ㄷ) 사람에게 내려오셨어요. (44절)
2. 이방인들에게도 (ㅅ ㄹ) 부어 주심으로 말미암아 사람들이 놀랐어요. (45절)
3. 방언을 말하며 (ㅎ ㄴ ㄴ)을 높였어요. (46절)
4. 세례 베푸는 것을 금할 수 없어 (ㅇ ㅅ ㄱ ㄹ ㅅ ㄷ)의 이름으로 세례를 베풀었어요. (47-48절)

➡ 베드로는 자신의 생각을 버리고 **성령의 인도하심을 따라** 고넬료에게 복음을 전했어요.

베드로가 이처럼 생각을 바꾼 이유는 무엇일까요?

"내가 참으로 하나님은 사람의 ㅇ ㅁ 를 보지 아니하시고 각 나라 중 하나님을 경외하며 ㅇ ㄹ ㅎ ㅎ ㄴ 사람은 다 받으시는 줄 깨달았도다" (34-35절)

Point 하나님 나라는 성령의 인도하심으로 전파돼요.

생활 속으로

베드로처럼 우리도 편견을 가지고 있지 않나요? '성령의 불 팽이'에 전도에 대한 나의 편견을 적고 팽이를 돌리며 편견을 없애기로 다짐해요.

이렇게 만들어요

성령의 불 팽이

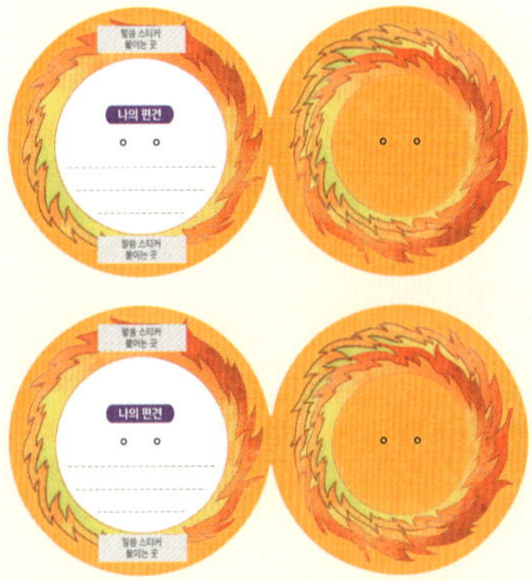

1. 부록에서 '성령의 불 팽이' 두 장을 뜯어요.
2. 그림이 밖으로 나오도록 접어서 풀로 붙여요.
3. 팽이의 빈칸에 내가 가지고 있는 편견을 적어요.

예 친구가 믿지 않을 것 같아서 전도하지 않았어요.
교회 가자고 하면 싫어할 것 같아서 말하지 않았어요.
전도할 친구가 없어요. 전도는 어른들이나 할 수 있는 어려운 일이에요.

4. 두 개의 팽이에 모두 적어요.
5. 각자 쓴 내용을 친구들과 이야기해요.
6. 나의 편견에 말씀 스티커를 붙여 편견을 없애요. (가운데 구멍을 막지 않도록 주의해요.)
7. 가운데 구멍을 뜯어내고 성령의 불이 보이도록 두 장을 풀로 붙여요.
8. 준비한 실을 구멍으로 통과시켜서 묶어요.
9. 양손으로 실의 양 끝을 잡고 실을 약간 느슨하게 한 후 빙글빙글 돌려 감아요.
10. 양손의 폭을 좁혔다 늘였다 하면서 팽이를 돌려요.
11. 성령의 불 팽이를 돌리며 내가 가진 편견을 날려요.

Tip 실이 없을 때는 딱지처럼 손으로 튕겨서 멀리 날리는 활동을 할 수 있어요.

Ending

하나님! 내 생각을 버리고, 성령의 인도하심을 따를 수 있게 해주세요.

9과

교회는 서로 어떻게 도와야 하나요?

사도행전 11장 19-26절

외울말씀 만나매 안디옥에 데리고 와서 둘이 교회에 일 년간 모여 있어 큰 무리를 가르쳤고 제자들이 안디옥에서 비로소 그리스도인이라 일컬음을 받게 되었더라 (사도행전 11장 26절 | 행 11:26)

Start 하나님! 교회가 서로 힘을 합하여 함께 복음을 전하게 해주세요.

말씀 속으로 예루살렘교회와 안디옥교회는 하나님 나라의 전파를 위해 서로 도왔어요. 스티커를 붙이며 어떻게 도왔는지 이야기해 보세요.

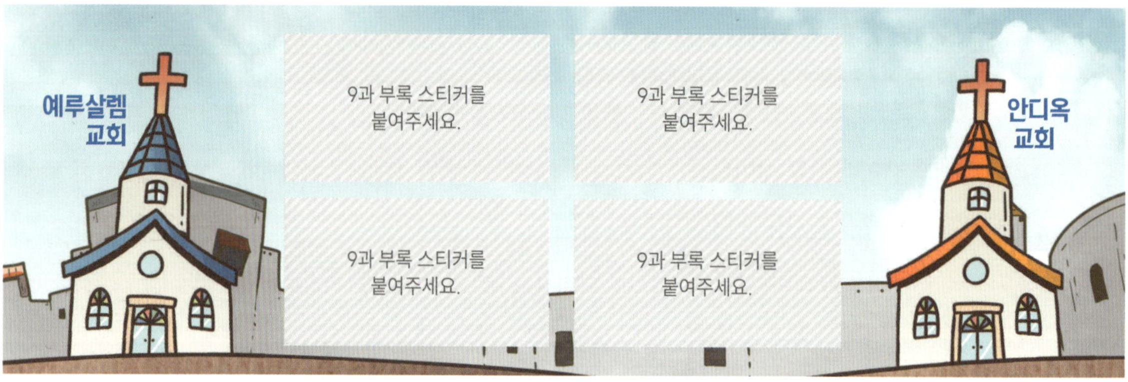

예루살렘교회는 믿는 사람들이 늘어나고 있는 안디옥교회를 어떻게 도왔나요?

1. (ㅂ ㄴ ㅂ)를 안디옥으로 파송했어요.
2. 바나바는 (ㅅ ㅇ)을 안디옥으로 데려왔어요.
3. 두 사람은 (ㅇ ㄴ) 동안 안디옥교회에 머물면서 많은 사람을 가르쳤어요.

예루살렘교회와 안디옥교회가 서로 도우며 복음을 전하자 어떤 일이 일어났나요?

"만나매 안디옥에 데리고 와서 둘이 교회에 일 년간 모여 있어 큰 무리를 가르쳤고

제자들이 안디옥에서 비로소 ㄱ ㄹ ㅅ ㄷ ㅇ 이라 일컬음을 받게 되었더라" (26절)

Point 교회는 하나님 나라의 전파를 위해 서로 도와요.

생활 속으로

예루살렘교회가 안디옥교회를 도운 것처럼 우리도 어려움을 당하고 있는 이웃 교회를 도울 수 있어요. 벽돌 스티커를 붙이며 어떻게 도울 수 있는지 이야기해요.

우리 교회는 어떻게 이웃 교회를 돕고 있을까요? 우리 교회가 돕고 있는 기관 또는 선교지를 찾아보고 어떻게 돕고 있는지 알아 보아요.

우리 교회가 돕고 있는 곳	이렇게 돕고 있어요
1.	
2.	
3.	

Ending

하나님! 나라의 전파를 위해 힘을 합하여 또 다른 교회를 도울 수 있는 우리가 되게 해주세요.

10과 하나님은 우리를 어디로 인도하시나요?

사도행전 16장 6-10절

외울말씀 바울이 그 환상을 보았을 때 우리가 곧 마게도냐로 떠나기를 힘쓰니 이는 하나님이 저 사람들에게 복음을 전하라고 우리를 부르신 줄로 인정함이러라 (사도행전 16장 10절 | 행 16:10)

Start 하나님! 복음이 전파되길 원하시는 곳과 도움이 필요한 사람을 볼 수 있게 해주세요.

말씀 속으로 성령님은 복음을 전하는 바울 일행이 어느 길로 가길 원하셨는지 말씀 스티커와 신호등 스티커를 붙여 목적지를 확인해 보세요.

하나님은 바울 일행이 어디에 복음을 전하도록 인도하셨나요?

"바울이 그 환상을 보았을 때 우리가 곧 ㅁ ㄱ ㄷ ㄴ 로 떠나기를 힘쓰니 이는 하나님이 저 사람들에게 ㅂ ㅇ ㅇ ㅈ ㅎ ㄹ 고 우리를 부르신 줄로 인정함이러라" (10절)

Point 하나님은 복음이 필요한 곳으로 우리를 인도하세요.

생활 속으로

복음이 필요한 곳은 어디일까요? 복음이 필요한 나라를 정해 십자가 스티커를 붙이고, 1-1-1 기도를 실천해요. (1-1-1 기도: 하루(1)에 한 국가(1)를 위해 1분(1) 동안 기도해요.)

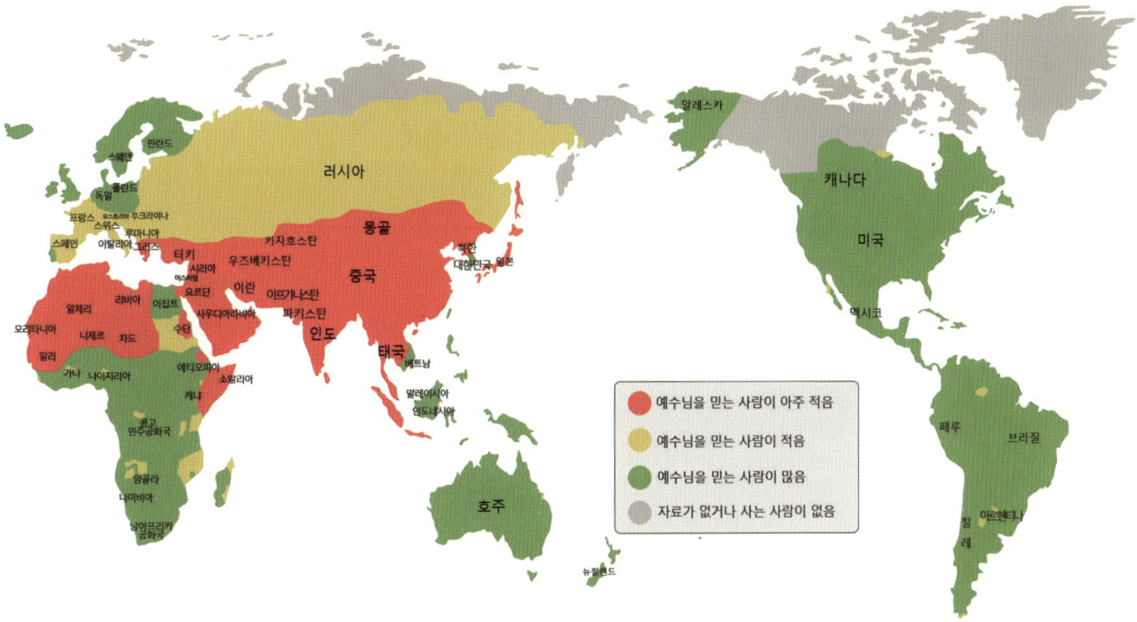

※ 세계선교지도에 우리 교회가 선교하고 있는 나라 또는 내가 선교하고 싶은 나라에 부록에 있는 십자가 스티커를 붙여주세요.

1

(1일)

우리 교회가 선교하고 있는 곳에는
빨간 십자가,
내가 선교하고 싶은 나라에는
황금 십자가 스티커를 붙여요.

1

(1국가)

지도를 보며 어느 나라를 위해
기도할지 정해요.

국가: ____________________

이유: ____________________

____

1

(1분)

선택한 나라를 위해
1분간 기도해요.

기도할 내용: ____________________

____

____

예 이웃 나라 일본에 교회가
더 많이 생기게 해주세요.

Ending

하나님! 복음이 필요한 곳에 하나님의 사랑을 전하게 해주세요. 바울처럼 예수님만을 자랑하며 전하게 해주세요.

11과 어려움이 찾아올 때 어떻게 해야 하나요?

사도행전 16장 25-34절

외울말씀 한밤중에 바울과 실라가 기도하고 하나님을 찬송하매 죄수들이 듣더라 (사도행전 16장 25절 | 행 16:25)

Start 하나님! 어려움 속에서도 기도하고 하나님을 찬송하도록 도와주세요.

말씀 속으로 복음을 전하던 바울과 실라에게 어려움이 찾아왔어요. 바울과 실라는 어려움 속에서 무엇을 했는지 빈칸을 완성하고 스티커를 붙이며 확인해 보세요.

바울이 예수님의 이름으로 여종의 몸에서 귀신을 쫓아냈어요. (16-18절)

바울과 실라가 억울하게 ㄱ ㅇ ㅇ에 갇혔어요. (24절)

11과 부록 스티커를 붙여주세요.

ㅋ ㅈ ㅈ이 나서 옥문이 열리고 매인 것이 다 벗어졌어요. (26절)

바울이 전한 ㅈ ㅇ ㅅ를 믿고 간수와 그 집 사람들이 ㄱ ㅇ을 받았어요. (31절)

바울과 실라의 행동으로 어떤 결과가 나타났나요?

한밤중에 바울과 실라가 ㄱ ㄷ하고 하나님을 ㅊ ㅅ하매 (25절)	➡	주의 ㅁ ㅆ을 그 사람과 그 집에 있는 모든 사람에게 ㅈ ㅎ더라 (32절)	➡	그와 ㅇ ㅈ ㅇ이 하나님을 ㅁ ㅇ ㅁ ㄹ 크게 기뻐하니라 (34절)

Point 어려움 속에서도 찬송과 기도로 복음을 전해요.

생활 속으로

우리의 삶을 이끄시는 하나님을 기억하며 '매일 기도 카드'를 통해 어려움 속에서도 찬송과 기도를 실천해 보세요.

이렇게 사용해요

매일 기도 카드

1. 부록에서 '매일 기도 카드'를 뜯어요.
2. 카드 뒷면의 성경 말씀을 읽고 기도와 찬송을 들으시는 하나님을 생각해요.
3. 요일에 맞추어 '기도 스티커'를 선택해 붙이고, 오늘 하루를 생각하며 하나님께 기도해요.
4. 카드 뒷면의 '찬양 해요'에 있는 QR코드를 찍어 찬양을 들어요.
5. 가사를 생각하며 하나님을 찬송해요.

Ending

하나님! 고난 속에 좌절하는 것이 아니라 오히려 기도하고 하나님을 찬양할 수 있게 해주세요.

12과 하나님 나라는 어디까지 전파돼야 할까요?

요절챈트♪

사도행전 28장 23-31절

외울말씀 하나님의 나라를 전파하며 주 예수 그리스도에 관한 모든 것을 담대하게 거침없이 가르치더라 (사도행전 28장 31절 | 행 28:31)

Start 하나님! 예수님을 모르는 사람들에게 하나님 나라를 전하는 예수님의 증인으로 살아가게 해주세요.

말씀 속으로 바울은 어떻게 복음을 전했을까요? 누가의 증언을 완성하며 확인해 보세요.

누가의 증언

1. 바울은 ㄸ ㄲ ㄲ ㅈ 이르러 내 증인이 되라는 예수님의 말씀대로 하나님 나라를 전하는 예수님의 증인이었어요. (1장 8절)
2. 로마에서 바울은 자기에게 찾아온 유대인들에게 ㅎ ㄴ ㄴ ㅇ ㄴ ㄹ를 증언하고, 성경을 가지고 ㅇ ㅅ에 대해 권했어요. (28장 23절)
3. 바울의 말을 ㅁ ㄴ 사람도 있고 ㅁ ㅈ ㅇ ㄴ ㅎ ㄴ 사람도 있었어요. (24절)
4. 바울은 그들에게 "그런즉 하나님의 이 구원이 ㅇ ㅂ ㅇ에게로 보내어진 줄 알라 그들은 그것을 들으리라"라고 말했어요. (28절)

바울은 어떻게 복음을 전했나요?

"자기에게 오는 사람을 다 ㅇ ㅈ 하고 하나님의 나라를 ㅈ ㅍ 하며 주 예수 그리스도에 관한 모든 것을 ㄷ ㄷ ㅎ ㄱ ㄱ ㅊ ㅇ ㅇ 가르치더라" (30-31절)

Point 하나님 나라는 우리를 통해 땅끝까지 전파돼요.

생활 속으로

하나님은 예수님의 증인들을 통해 하나님 나라를 전파하세요. 하나님 나라가 누구를 통해 어디까지 전파되었는지 스티커를 붙이며 확인해요.

예수님의 명령을 다시 한번 기억하며 말씀을 완성하고 다짐해요.

"오직 성령이 너희에게 임하시면 너희가 권능을 받고
ㅇ ㄹ ㅅ ㄹ 과 ㅇ ㅇ ㄷ 와 ㅅ ㅁ ㄹ ㅇ 와
ㄸ ㄲ 까지 이르러 내 ㅈ ㅇ 이 되리라 하시니라"(사도행전 1 장 8 절)

나 ______ 은(는) ㄸ ㄲ ㄲ ㅈ 하나님 나라를 전파하는 ㅈ ㅇ 이 되겠습니다.

Ending

하나님! 어떤 상황 속에서도 땅끝까지 하나님 나라를 전하는 증인이 되게 해주세요.

13과 복음은 무엇인가요?

요절챈트♪

로마서 1장 8-17절

외울말씀 내가 복음을 부끄러워하지 아니하노니 이 복음은 모든 믿는 자에게 구원을 주시는 하나님의 능력이 됨이라 먼저는 유대인에게요 그리고 헬라인에게로다 (로마서 1장 16절 | 롬 1:16)

Start 하나님! 복음이 무엇인지 알고 깨닫게 도와주세요.

말씀 속으로 바울은 복음을 부끄러워하지 않는다고 했어요. 그 이유를 찾아보고 복음이 무엇인지 이야기해 보세요.

Q1 로마교회 성도들을 보고 싶어 했던 이유는 무엇인가요?

A1 신령한 [ㅇ ㅅ] 를 그들에게 주어 그들을 [ㄱ ㄱ] 하게 하기 위해서입니다. (11절)

Q2 왜 복음을 부끄러워하지 않는다고 하였나요?

A2 이 복음은 모든 믿는 자에게 [ㄱ ㅇ] 을 주시는 하나님의 [ㄴ ㄹ] 이기 때문입니다. (16절)

Q3 복음에는 어떤 능력이 있나요?

A3 복음에는 [ㅎ ㄴ ㄴ ㅇ ㅇ] 가 나타나서 믿음으로 [ㅁ ㅇ] 에 이르게 합니다. (17절)

복음은 무엇인가요?

"복음은 모든 [ㅁ][ㄴ] 자에게 [ㄱ][ㅇ] 을 주시는 [ㅎ][ㄴ][ㄴ][ㅇ] [ㄴ][ㄹ] 이에요" (16절)

Point 복음은 모든 믿는 자에게 구원을 주시는 하나님의 능력이에요.

생활 속으로

복음을 부끄러워한 적이 있나요? 이제 복음을 부끄러워하지 않고 담대하게 친구에게 전하는 전도자가 되어요.

이렇게 만들어요

십자가 전도지

1. 부록에서 '십자가 전도지'를 뜯어요.
2. 전도지의 겉과 속을 잘 구분해서 순서대로 딱지를 접어요.
3. 큰 숫자부터 작은 숫자로 내려가며 차례대로 접어요.
4. 1번부터 겉면에 있는 '그림' 을 보여주고, 안에 있는 '복음 메시지'를 읽어요.
5. 차례대로 읽으면 담대하게 복음을 전할 수 있는 복음 메시지가 돼요.
6. 십자가 전도지로 복음을 잘 전할 수 있도록 반 친구들과 서로 짝을 지어 연습해요.

십자가 전도지로 복음을 전해요

1. 십자가 전도지의 교회 그림을 친구에게 보여주며 말해요.
   ➡ "나랑 함께 교회 가지 않을래?"
2. 표지 1번을 위로 펼치며 속지 1번을 읽어요.
   ➡ "하나님은 너를 사랑하셔서 너를 향한 계획을 가지고 계셔!"
3. 표지 2번을 왼쪽으로 펼치며 속지 2번을 읽어요.
   ➡ "그 계획은 예수님을 보내시는 거였어. 예수님은 죄에 빠진 우리를 구원하시기 위해 이 땅에 오셨어!"
4. 표지 3번을 오른쪽으로 펼치며 속지 3번을 읽어요.
   ➡ "예수님이 십자가에서 우리 죄를 위해 대신 죽으시고 3일 만에 다시 살아나셨어!"
5. 표지 4번을 아래로 내리며 속지 4번을 읽어요.
   ➡ "예수님을 믿으면 너도 하나님의 자녀가 돼!"
6. 표지 5번을 아래로 내리며 속지 5번을 읽어요. ➡ "우리 교회에 너를 초대할게!"

Ending

하나님! 복음을 부끄러워하지 않고 예수님만 자랑하며, 모든 사람에게 담대히 복음을 전하며 살아가는 우리가 되게 해주세요.

14과 복음을 믿는 사람은 어떤 사람인가요?

로마서 6장 1-11절

외울말씀 이와 같이 너희도 너희 자신을 죄에 대하여는 죽은 자요
그리스도 예수 안에서 하나님께 대하여는 살아 있는 자로 여길지어다
(로마서 6장 11절 | 롬 6:11)

Start 하나님! 복음을 믿는 사람은 어떤 삶을 살아가야 하는지 깨닫게 도와주세요.

말씀 속으로 복음을 믿으면 어떤 변화가 생길까요? 복음을 믿기 전과 후의 모습에 대한 특징을 말씀에서 찾아 빈칸을 채워보세요.

Before

After

'(ㅈ)에 대해 살아 있었던 옛사람'

1. (ㅈ) 가운데 살고 있었어요.(2절)
2. (ㅈ)에게 종노릇하며 살았어요.(6절)
3. (ㅅ ㅁ)이 우리의 삶을 주장했어요.(9절)

'(ㅎ ㄴ ㄴ)에 대해 살아 있는 그리스도인'

1. 예수님과 합하여 세례를 받음으로 (ㅅ ㅅ ㅁ)으로 살아가요.(4절)
2. 예수님의 (ㅂ ㅎ)과 같은 모양으로 연합했어요.(5절)
3. 죄에서 벗어나 (ㅇ ㄹ ㄷ)하심을 얻었어요.(7절)

복음을 믿으면 어떻게 해서 하나님께 대하여 살아있게 되나요?

"이와 같이 너희도 너희 자신을 ㅈ 에 대하여는 ㅈ ㅇ 자요
그리스도 예수 안에서
ㅎ ㄴ ㄴ 께 대하여는 ㅅ ㅇ 있는 자로 여길지어다" (11절)

Point 복음을 믿는 사람은 예수님과 함께 죄에 대하여 죽고 하나님께 대하여 살아 있어요.

생활 속으로

복음을 믿는 우리는 예수님과 함께 살아가는 사람이에요. '나의 믿음 생활 점검표'의 내용에 Yes 또는 No로 답하고 하나님께 대하여 살아가기로 결심해요.

항목	Yes or No
① 나는 죄를 싫어해요.	
② 나는 예수님을 내 안에 모시고 살아요.	
③ 나는 죄와 싸워 이길 수 있어요.	
④ 나는 예수님과 함께 다시 살아날 것을 믿어요.	
⑤ 나는 더 이상 나의 욕심을 따라 살고 싶지 않아요.	
⑥ 나는 예수님을 모르는 친구들에게 복음을 전할 수 있어요.	
⑦ 나는 하나님을 위해 사는 것이 좋아요.	

죄에 대하여 죽고, 하나님에 대하여 살기로 결심하며 이름을 쓰고, 함께 선포해요!

"나 __________(은)는 **예수님과 함께 죄에 대하여 죽었습니다.**"

"나 __________(은)는 **예수님과 함께 하나님에 대하여 살았습니다.**"

Ending

하나님! 예수님과 함께 죄를 이겨내고, 하나님만 높이는 삶을 살게 도와주세요.

15과

복음을 믿는 사람은 무엇을 따르나요?

로마서 8장 1-11절

외울말씀 이는 그리스도 예수 안에 있는 생명의 성령의 법이 죄와 사망의 법에서 너를 해방하였음이라 (로마서 8장 2절 | 롬 8:2)

Start 하나님! 예수님을 믿는 하나님의 자녀는 무엇을 따라 살아야 하는지 깨닫게 해주세요.

말씀 속으로 하나님의 자녀는 어떤 생각을 해야 하나요? 말풍선의 빈칸을 채우고 성령을 따르는 생각 스티커를 붙여주세요.

육신을 따르는 자는 (ㅇ ㅅ)의 일을 생각해요. (5절)
육신의 생각은 (ㅅ ㅁ)이에요. (6절)

영을 따르는 자는 (ㅇ)의 일을 생각해요. (5절)

육신의 생각은 하나님과 (ㅇ ㅅ)가 되고, (ㅎ ㄴ ㄴ ㅇ ㅂ)에 굴복하지 아니할 뿐 아니라 할 수도 없어요. (7절)

영의 생각은 (ㅅ ㅁ)과 (ㅍ ㅇ)이에요. (6절)

우리는 어떻게 성령을 따라 살 수 있나요?

"이는 그리스도 예수 안에 있는 ㅅ ㅁ ㅇ ㅅ ㄹ ㅇ ㅂ 이 죄와 사망의 법에서 너를 ㅎ ㅂ 하였음이라" (2절)

Point 복음을 믿는 사람은 성령을 따라 살아요.

생활 속으로

하나님 나라 백성으로 성령을 따라 살아가는 우리는 영의 생각을 해야 해요. 육신의 생각을 영의 생각으로 바꾸고, 성령을 따라 살기로 결심하며 실천 계획을 세워요.

육신의 생각이에요	성령의 생각으로 고쳐요
이번 주일에 교회에 가지 말고 친구와 게임을 해볼까?	이번 주일에는 ______
성경 읽는 것이 귀찮아!	성경 읽는 것은 ______
기도해도 달라지는 것이 없어.	기도하면 ______
친구를 도와주는 것은 바보짓 같아!	친구를 도와 주는 것은 ______

성령을 따라 살아가기로 결심하며 실천 계획을 세워요.

예배 생활	기도 생활	말씀 생활

Ending

하나님! 하나님의 자녀로 오직 성령을 의지하고, 성령을 따라 살게 해주세요.

16과

복음을 믿는 사람은 어떻게 살아야 하나요?

로마서 12장
1-2, 14-21절

외울말씀 너희는 이 세대를 본받지 말고 오직 마음을 새롭게 함으로 변화를 받아 하나님의 선하시고 기뻐하시고 온전하신 뜻이 무엇인지 분별하도록 하라 (로마서 12장 2절 | 롬 12:2)

Start

하나님! 하나님 나라 백성으로서 무엇이 하나님의 뜻인지 잘 분별하게 도와주세요.

말씀 속으로

하나님 나라 백성은 복음을 믿는 사람이에요. 복음을 믿는 사람은 어떻게 살아야 하는지 스티커를 붙이며 이야기해 보세요.

생활 속에서 하나님이 기뻐하시는 뜻	
너희를 박해하는 자를	16과 부록 스티커를 붙여주세요.
즐거워하는 자들과 함께 즐거워하고 우는 자들과	16과 부록 스티커를 붙여주세요.
서로 마음을 같이하며 높은 데 마음을 두지 말고 도리어	16과 부록 스티커를 붙여주세요.
아무에게도 악을 악으로 갚지 말고 모든 사람 앞에서	16과 부록 스티커를 붙여주세요.
할 수 있거든 너희로서는 모든 사람과 더불어	16과 부록 스티커를 붙여주세요.
너희가 친히 원수를 갚지 말고 하나님의 진노하심에	16과 부록 스티커를 붙여주세요.
악에게 지지 말고	16과 부록 스티커를 붙여주세요.

복음을 믿는 우리는 어떻게 살아야 하나요?

"너희는 이 세대를 본받지 말고 오직 ㅁ ㅇ ㅇ ㅅ ㄹ ㄱ 함으로
ㅂ ㅎ ㄹ ㅂ ㅇ 하나님의 선하시고 기뻐하시고 온전하신 ㄸ 이
무엇인지 ㅂ ㅂ ㅎ ㄷ ㄹ 하라" (2절)

Point 복음을 믿는 사람은 하나님의 선하시고 기뻐하시고 온전하신 뜻대로 살아요.

생활 속으로

우리는 하나님의 선하시고 기뻐하시고 온전하신 뜻대로 살아야 해요. 아래의 그림을 보며 복음을 믿는 사람은 어떻게 살아야 하는지 스티커를 붙여서 바꾸어요.

나의 모습 속에 하나님이 기뻐하시지 않는 것이 있나요? 빙고 게임을 하면서 하나씩 지우며 하나님의 뜻대로 살아가기로 다짐해요.

보기 거짓말, 불평, 욕설, 교만, 원망, 다툼, 미움, 시기, 질투, 불순종, 게으름, 짜증, 두려움, 걱정

Ending

하나님! 하나님의 자녀로서 마음을 새롭게 하여 변화를 받아 하나님의 선하시고 기뻐하시고 온전하신 뜻대로 살아가도록 도와주세요.

17과 교회는 왜 하나 되기를 힘써야 하나요?

고린도전서 3장 1-9절

외울말씀 우리는 하나님의 동역자들이요 너희는 하나님의 밭이요 하나님의 집이니라
(고린도전서 3장 9절 | 고전 3:9)

Start 하나님! 교회가 왜 하나 되어야 하는지 깨닫게 도와주세요.

말씀 속으로 바울은 하나 되지 못하고 분열된 고린도교회에 편지를 썼어요. 고린도교회가 하나 되지 못한 이유와 하나 되어야 할 이유를 찾아보아요.

어떤 이는 나는 (ㅂ ㅇ)에게라 하고,
다른 이는 나는 (ㅇ ㅂ ㄹ)에게라 하며
서로 나누어 졌으니 너희가 육신에
속하여 사람을 따라 행하는 것이다. (4절)

나 바울은 (ㅅ ㅇ)고, 아볼로는 (ㅁ ㅇ) 주었으되
오직 하나님께서 (ㅈ ㄹ ㄴ ㄱ) 하셨다. (6절)
심는 이나 물 주는 이는 아무것도 아니로되
오직 자라게 하시는 이는 하나님뿐이다. (7절)
우리는 하나님의 동역자들이며,
교회는 하나님의 (ㅂ)이요 하나님의 (ㅈ)이다. (9절)

바울은 하나님 나라를 위해 하나 될 것을 부탁했어요. "동역"의 한자를 따라 쓰고, 뜻을 적어보세요.

同 役
함께 동 힘쓰다 역

"우리는 하나님 나라를 위하여 ㅎ ㄲ ㅎ ㅆ ㄴ **동역자**입니다."

Point 교회는 하나님 나라를 위해 하나 되기를 힘써요.

생활 속으로

우리 교회에도 많은 동역자가 있어요. 우리 교회에서 이루어지고 있는 동역을 생각해 보고, 동역자들이 누구인지 생각나는 대로 적어보세요.

1. 말씀을 전하고 가르쳐요.

2. 다른 성도들을 위해 봉사해요.

3. 예배를 돕고 섬겨요.

교회가 하나 되기 위해 나와 우리 반이 함께 할 수 있는 것을 적고 하나 되기를 힘써요.

내가 할 수 있는 것	우리 반이 함께 할 수 있는 것

예 예수님 안에서 하나 된 교회를 위해 기도해요. 감사의 마음을 담아 웃으며 인사해요.

Ending

하나님! 교회가 하나 되어 하나님 나라를 나타내도록 도와주세요.

18과 교회는 무엇으로 하나 되나요?

요절챈트

고린도전서 13장 1-7절

외울말씀 사랑은 오래 참고 사랑은 온유하며 시기하지 아니하며 사랑은 자랑하지 아니하며 교만하지 아니하며 (고린도전서 13장 4절 | 고전 13:4)

Start 하나님! 교회가 무엇으로 하나 되는지 깨닫게 도와주세요.

말씀 속으로 바울은 고린도교회가 하나 되기 위해 사랑이 필요하다고 말해요. 사랑은 무엇일까요? 말씀을 참고해서 사랑의 행동 스티커를 붙이며 사랑이 무엇인지 확인해 보세요.

사랑은 오래 참고 사랑은 온유하며 시기하지 아니하며 사랑은 자랑하지 아니하며 교만하지 아니하며 무례히 행하지 아니하며 자기의 유익을 구하지 아니하며 성내지 아니하며 악한 것을 생각하지 아니하며 불의를 기뻐하지 아니하며 진리와 함께 기뻐하고 모든 것을 참으며 모든 것을 믿으며 모든 것을 바라며 모든 것을 견디느니라

(고린도전서 13장 4절-7절)

사랑은 … 해요.	사랑은 … 하지 않아요.

교회를 하나 되게 하는 이것은 무엇인가요?

1. 사람의 방언과 천사의 말을 할지라도 (ㅅ ㄹ)이 없으면 소리 나는 구리와 울리는 꽹과리가 돼요. (1절)
2. 산을 옮길 만한 믿음이 있어도 (ㅅ ㄹ)이 없으면 아무것도 아니에요. (2절)
3. 내게 있는 모든 것으로 구제하고 내 몸을 불사르게 내줄지라도 (ㅅ ㄹ)이 없으면 내게 아무 유익이 없어요. (3절)

Point 교회는 사랑으로 섬기며 하나 돼요.

생활 속으로

교회는 사랑으로 섬기며 하나 되는 공동체예요. 예수님의 사랑으로 누구를, 어떻게 섬기면 좋을지 생각하며 '하트 카드'를 만들고, 카드를 전해 주며 사랑을 실천해요.

이렇게 만들어요

하트 카드

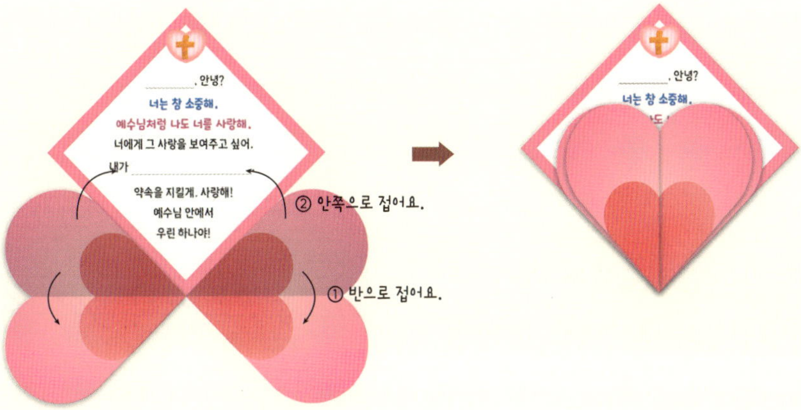

1. 부록에서 '하트 카드'를 뜯어요.
2. 우리 교회 안에서 사랑을 나누어 주고 싶은 한 사람을 정해요.
3. 카드 내용에 이름을 쓰고 어떻게 사랑을 실천할지 적어요.
   예 너를 위해 매일 0시에 기도할게. / 너의 이야기를 들어줄게.
4. 접는 선을 따라 접어서 하트 카드를 완성해요.
5. 카드를 친구에게 전해 주고 행동으로 실천해요.

Ending

하나님! 교회가 하나 되기를 기도합니다. 사랑으로 섬기는 우리가 되도록 도와주세요.

19과 교회는 어떤 곳인가요?

고린도후서 4장 7-18절

외울말씀 우리가 이 보배를 질그릇에 가졌으니 이는 심히 큰 능력은 하나님께 있고 우리에게 있지 아니함을 알게 하려 함이라 (고린도후서 4장 7절 | 고후 4:7)

Start 하나님! 연약한 우리가 어떻게 교회가 되는지 말씀을 통해 알려주세요.

말씀 속으로 바울이 고린도교회에 쓴 두 번째 편지예요. 편지의 내용을 완성하고 교회가 어떤 곳인지 알아 보아요.

To. 사랑하는 고린도교회

하나님 우리 아버지와 주 예수 그리스도로부터
은혜와 평강이 있기를 원합니다.
우리가 사방으로 욱여쌈을 당하여도 (ㅆ ㅇ ㅈ) 아니하며
답답한 일을 당하여도 (ㄴ ㅅ)하지 아니하며
박해를 받아도 (ㅂ ㄹ ㅂ) 되지 아니하며
거꾸러뜨림을 당해도 (ㅁ ㅎ ㅈ) 않는 이유가 있습니다.

우리는 보잘것없는 (ㅈ ㄱ ㄹ)입니다.
하지만 우리 안에 (ㅇ ㅅ ㄴ)이라는 보배가 있습니다.
그래서 우리의 능력은 (ㅎ ㄴ ㄴ)에게 있고
우리에게 있지 않습니다.

우리는 보잘것없고 연약한 질그릇이지만
☆하나님의 능력을 나타내는 교회입니다!

19과 부록 스티커①을 붙여주세요.

19과 부록 스티커②를 붙여주세요.

19과 부록 스티커③을 붙여주세요.

Point 교회는 연약하나 하나님의 능력을 나타내는 곳이에요.

생활 속으로

우리의 약점, 우리의 부족함, 우리가 겪고 있는 어려움을 질그릇 안에 적고 그 가운데 예수님 스티커를 붙인 후 서로를 위해 기도해요.

이렇게 활용해요

1. 반 친구들과 우리의 약점, 부족함, 지금 겪는 어려움을 이야기해요.
2. 친구들에게 이렇게 격려해요. "우리는 부족하지만 예수님이 우리의 보배야!"
3. 한 주간 서로 기도해 줄 짝을 찾아서 정하고 서로를 위해서 기도해요.

빈칸을 채우고 완성된 문장을 함께 외쳐요.

우리는 부족하지만 (ㅇㅅㄴ)이 우리의 (ㅂㅂ)이기에 (ㄴㅅ)하지 않고 하나님의 능력을 나타내며 살 수 있어요!

Ending

하나님! 우리는 연약한 질그릇이지만 하나님이 우리의 능력이 되어 주셔서 우리가 낙심하지 않고 하나님의 능력을 나타내며 살아갈 수 있도록 도와주세요.

20과 그리스도인은 어떤 열매를 맺으며 살아야 하나요?

요절챈트♪

갈라디아서 5장 16-26절

외울말씀 오직 성령의 열매는 사랑과 희락과 화평과 오래 참음과 자비와 양선과 충성과 온유와 절제니 이같은 것을 금지할 법이 없느니라
(갈라디아서 5장 22-23절 | 갈 5:22-23)

Start 하나님! 우리가 성령을 따라 어떻게 살아야 하는지 말씀을 통해 알려주세요.

말씀 속으로 그리스도인이 십자가에 못 박은 것이 무엇인지 부록에 있는 스티커를 붙여보고, 우리가 성령을 따라 살아갈 때 맺어야 할 열매가 무엇인지 빈칸을 채워보세요.

ㅅ ㄹ 의 열매

다음 빈칸을 채워보세요.

"그리스도 예수의 사람들은 ㅇ ㅊ 와 함께 그 ㅈ ㅇ 과 ㅌ ㅅ 을 ㅅ ㅈ ㄱ 에 못 박았느니라"(24절)

"만일 우리가 ㅅ ㄹ 으로 살면 또한 ㅅ ㄹ 으로 행할지니" (25절)

Point 그리스도인은 성령의 열매를 맺으며 살아요.

생활 속으로 성령을 따라 열매 맺는 삶을 살기로 다짐하며 '성령의 열매'를 완성해요.

이렇게 만들어요

나무 만들기

1. 아홉 가지 성령의 열매의 의미를 읽고 어떻게 지킬 것인지 적어요.
2. 부록에서 나무를 뜯어요.
3. 나무 만들기 받침대에 자신의 이름을 적어요.
4. 나무에 아홉 가지 성령의 열매를 부착해서 나무를 완성해요.
5. 성령의 열매를 하나씩 붙일 때마다 어떻게 실천할 것인지 반 친구들과 서로 이야기해요.
6. 잘 보이는 곳에 세워두고 결단한 것을 실천하며 성령의 열매를 맺는 삶을 살아요.

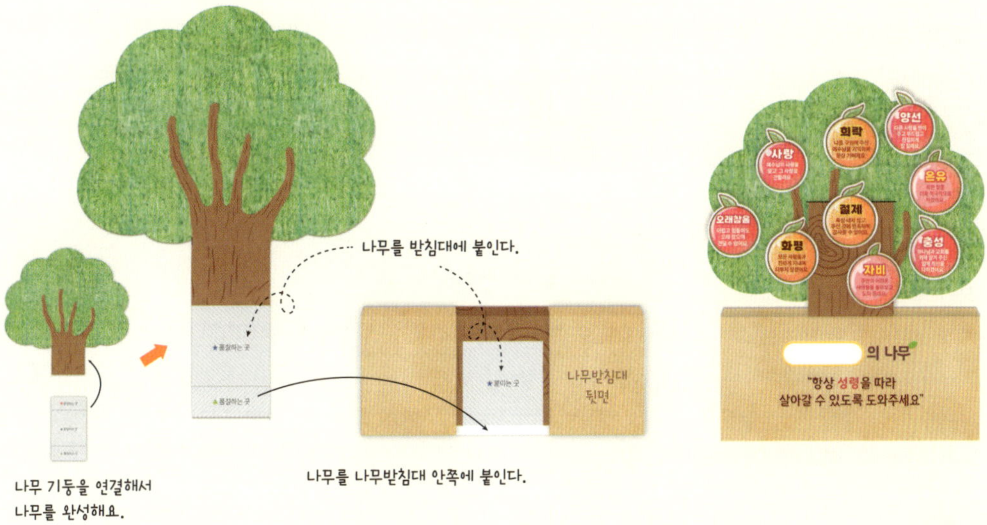

Ending 하나님! 항상 성령을 따라 살아가며, 성령의 열매를 풍성히 맺을 수 있도록 도와주세요.

21과 그리스도인은 어떻게 승리하며 사나요?

에베소서 6장 10-18절

외울말씀 그러므로 하나님의 전신 갑주를 취하라 이는 악한 날에 너희가 능히 대적하고 모든 일을 행한 후에 서기 위함이라 (에베소서 6장 13절 | 엡 6:13)

Start 하나님! 그리스도인은 영적 전쟁에서 어떻게 승리해야 하는지 깨닫게 도와주세요.

말씀 속으로 그리스도인은 매일 전쟁 중이에요. 누구와 싸우며 어떻게 해야 승리하는지, 스티커를 붙이고 빈칸을 채워 확인해 보세요.

21과
부록 스티커를
붙여주세요.

VS

21과
부록 스티커를
붙여주세요.

누 가 악의 (ㅇ)이(12절)
언 제 악한 날에(13절)
무엇을 너희를
어떻게 마귀의 간계와(11절)
불화살(16절)로 공격한다.

〈전신 갑주〉
진리의 허리띠, 의의 호심경,
평안의 복음의 신발,
(ㅁ ㅇ)의 방패, 구원의 투구, 하나님의 말씀 곧
(ㅅ ㄹ)의 검
(14-17절)

누 가 너희가(10절)
무엇을 하나님의 (ㅈ)(ㅅ)(ㄱ)(ㅈ)를 (13절)
어떻게 취하라(13절)
왜 악한 날에 능히 대적하고 모든 일을 행한 후에 서기 위해서(13절)

하나님의 전신 갑주를 입어야 하는 이유는 무엇일까요?

"그러므로 하나님의 전신 갑주를 취하라 이는 (ㅇ)(ㅎ) (ㄴ)에
너희가 능히 (ㄷ)(ㅈ)하고 모든 일을 행한 후에 (ㅅ)(ㄱ) 위함이라" (13절)

☆전신 갑주: 온몸을 감싼 갑옷과 투구를 말하는 것으로, 싸우기 위해 방어 무기와 공격 무기를 단단히 갖춘 상태를 말해요.

Point 그리스도인은 하나님의 전신 갑주를 입고 승리하며 살아요.

생활 속으로 영적 전쟁에서 승리하려면 하나님의 전신 갑주로 무장해야 해요. 나는 어떻게 무장하고 있는지 점검하고 스티커를 붙이며 어떤 무기가 필요한지 확인해요.

아래의 빈칸을 채우고 영적 전쟁에서 승리할 수 있도록 함께 기도해요.

하나님, 마귀는 우리가 죄를 짓도록 계속 공격하고 있어요.

영적 전쟁에서 하나님의 (ㅈㅅ ㄱㅈ)를 입고 승리하게 해주세요.

이미 십자가와 부활하심으로 마귀와의 전쟁에서 승리하신

예수님과 함께해서 승리하게 해주세요.

예수님의 이름으로 기도합니다. 아멘.

Ending 하나님! 마귀와의 영적 전쟁에서 하나님의 전신 갑주로 무장하고 예수님과 함께해서 승리하게 해주세요.

22과 그리스도인은 어떤 모습으로 사나요?

빌립보서 4장 4-7절

외울말씀 아무 것도 염려하지 말고 다만 모든 일에 기도와 간구로, 너희 구할 것을 감사함으로 하나님께 아뢰라 (빌립보서 4장 6절 | 빌 4:6)

Start

하나님! 예수님을 믿는 우리는 어떤 모습으로 살아야 하는지 말씀을 통해 깨닫게 해주세요.

말씀 속으로

바울은 빌립보교회 성도들에게 어떻게 하라고 말했을까요? 암호 해독표를 보고 암호를 풀어 보세요.

빌립보교회 성도 여러분,

( ) 안에서 항상 기뻐하세요.

제가 다시 한번 말합니다. ( ) 하세요! (4절)

아무것도 염려하지 말고 오직 모든 일에

( )와 ( )로 구할 것을

( )함으로 하나님께 아뢰세요. (6절)

그러면 모든 지각에 뛰어난 하나님의

( )이 그리스도 예수 안에서

여러분의 마음과 생각을 지켜주실 것입니다. (7절)

암호 해독표

암호 풀이 예

ㅂ ㅏ ㅇ ㅜ ㄹ → 바울

그리스도인은 염려될 때 어떻게 해야 하나요?

"아무 것도 염려하지 말고 다만 ㅁ ㄷ ㅇ에 ㄱ ㄷ와 간구로,

너희 구할 것을 ㄱ ㅅ ㅎ으로 하나님께 아뢰라" (6절)

Point 그리스도인은 항상 모든 일에 기도하며 기쁨으로 살아요.

생활 속으로

그리스도인은 힘들고 어려운 일이 있더라도 항상 기도하며 기쁨으로 살아야 해요. 이런 삶을 살기로 결단하며 '기쁨과 기도로 돌려 돌려!'를 만들어 실천해요.

이렇게 만들어요

기쁨과 기도로 돌려 돌려!

1. 부록에서 '기쁨과 기도로 돌려 돌려'와 '표정 띠'를 뜯어요.
2. 우리 반이 함께 기뻐하기 위해 하나님께 구할 것을 생각해요.
3. 예시처럼 기도문을 예수님 팔에 써요.
4. 표정 띠의 빈칸에 기뻐하는 표정을 그려요.
5. 예수님 품 안에 기뻐하는 우리 반 친구들 얼굴을 그려요.
6. 예수님 가슴 부분 칼 선에 표정 띠를 끼우고 풀칠해서 붙인 후, 표정 띠를 둥글게 말아요.
7. 표정 띠를 한 칸씩 돌리며 슬픈 표정이 나올 땐 기도문을 읽고, 기쁜 표정이 나왔을 때는 말씀 구절을 외쳐요.
8. 예수님의 양 팔을 엇갈려 끼워 우리를 안아주시는 예수님 모습을 만들어요.

예시 하나님, 우리 반 친구가 아파요. 능력의 하나님이 치료해 주실 것을 믿으며, 함께 기도하게 해주셔서 감사합니다. 빨리 깨끗하게 나아서 우리 모두 함께 모여 예배드리며 기뻐하게 해주세요. 예수님의 이름으로 기도합니다. 아멘.

Ending

하나님! 그리스도인답게 항상 모든 일에 기도하며 기쁨으로 살아가게 해주세요.

종려주일

예수님은 고난을 앞두고 어떻게 하셨나요?

마태복음 26장 36-46절

외울말씀 내 아버지여 만일 할 만하시거든 이 잔을 내게서 지나가게 하옵소서
그러나 나의 원대로 마시옵고 아버지의 원대로 하옵소서 하시고
(마태복음 26장 39절 하반절 | 마 26:39하)

Start 하나님! 하나님의 뜻대로 순종하기 위해 어떻게 해야 하는지 알려주세요.

말씀 속으로 예수님이 겟세마네에서 말씀하신 내용이에요. 빈칸을 채우며 예수님과 제자들의 생각에 어떤 차이가 있는지 확인해 보세요.

내가 저기 가서 ㄱ ㄷ 할 동안에
너희는 여기 ㅇ ㅇ 있으라 (36절)

내 마음이 매우 고민하여
죽게 되었으니 너희는 여기 머물러
나와 함께 ㄲ ㅇ 있으라 (38절)

제자들에게 오사 그 ㅈ ㄴ 것을
보시고 베드로에게 말씀하시되
너희가 나와 함께 한 시간도 이렇게
깨어 있을 수 없더냐
ㅅ ㅎ에 들지 않게
ㄲ ㅇ ㄱ ㄷ 하라 (40-41절)

내 아버지여 만일
내가 마시지 않고는 이 잔이
내게서 지나갈 수 없거든
ㅇ ㅂ ㅈ ㅇ ㅇ ㄷ ㄹ 되기를
원하나이다 (42절)

내 아버지여 만일 할 만하시거든
이 잔을 내게서
ㅈ ㄴ ㄱ ㄱ 하옵소서
그러나 나의 원대로 마시옵고
ㅇ ㅂ ㅈ ㅇ ㅇ ㄷ ㄹ
하옵소서 (39절)

예수님은 하나님의 말씀에 순종하기 위해 ㄱ ㄷ 하셨어요.

예수님은 어떻게 순종하셨나요?

"조금 나아가사 얼굴을 땅에 대시고 엎드려 기도하여 이르시되
내 아버지여 만일 할 만하시거든 이 잔을 내게서 지나가게 하옵소서
그러나 나의 원대로 마시옵고 ㅇ ㅂ ㅈ ㅇ ㅇ ㄷ ㄹ 하옵소서 하시고" (39절)

Point 예수님은 하나님의 뜻대로 순종하셨어요.

생활 속으로

우리도 예수님처럼 하나님의 뜻대로 기도함으로 순종의 길을 걸어가요. '순종의 십자가'를 만들고 한 주간 기도하며 순종의 십자가를 완성해요.

이렇게 만들어요

순종의 십자가

1. 부록에서 '순종의 십자가'와 고정판을 뜯어요.
2. 하단의 거치대 부분을 점선을 따라 접고, 고정판을 홈에 끼워 순종의 십자가를 완성해주세요.
3. 순종의 십자가를 책상 위나 잘 보이는 곳에 올려두고, 요일별로 말씀을 묵상하고 기도하며 순종하신 예수님을 닮아가요.
4. 기도한 날에는 순종의 스티커를 붙여 십자가 안에 순종의 길을 걸어가시는 예수님의 모습을 완성해요.

Ending

하나님! 하나님의 뜻대로 순종하셨던 예수님처럼 우리도 기도를 통해 하나님의 뜻을 따르며 순종하는 삶을 살게 해주세요.

부활주일

예수님은 어떻게 부활하셨나요?

고린도전서 15장 4-8, 14-20절

외울말씀 장사 지낸 바 되셨다가 성경대로 사흘 만에 다시 살아나사 (고린도전서 15장 4절 | 고전 15:4)

Start 하나님! 예수님의 부활이 역사적 사실임을 믿고 전하게 해주세요.

말씀 속으로 예수님의 부활에 관한 사건 보고서예요. 예수님의 부활을 목격한 증인들이 누구인지 찾고 사건 보고서를 완성해 주세요.

사건 보고서

사건 발생일	예수님이 십자가에 달려 돌아가시고 사흘 뒤	
사건 내용	예수님의 시신을 넣어둔 돌무덤이 열려 있고 무덤은 비어 있다는 보고가 들어옴. 다시 살아나신 예수님을 만났다는 목격자들의 구체적 진술을 확보함.	
증언	성경의 증언	목격한 사람
	게바에게 보이시고(5절)	ㄱㅂ
	후에 열두 제자에게와(5절)	ㅇㄷ ㅈㅈ
	그 후에 오백여 형제에게 일시에 보이셨나니(6절)	ㅇㅂ ㅇ ㅎㅈ
	그 후에 야고보에게 보이셨으며(7절)	ㅇㄱㅂ
	그 후에 모든 사도에게와(7절)	ㅁㄷ ㅅㄷ
	만삭되지 못하여 난 자 같은 내게도 보이셨느니라(8절)	ㅂㅇ

위의 사건 보고서를 종합해 볼 때 알 수 있는 것은 무엇인가요?

결론 예수님은 장사 지낸 바 되셨다가 성경대로 사흘 만에 ㅂㅎ 하셨으며,
이것은 ㅇㅅ 안에서 일어난 ㅅㅅ 이다.

Point 예수님은 역사 안에서 실제로 부활하셨어요.

생활 속으로

역사 안에서 실제로 부활하신 예수님의 이야기를 뉴스 기사로 작성하고 마이크를 만들어 예수님의 부활 소식을 전해요.

속보!

하나뉴스 기자:

예수님이 십자가에서 죽으시고 (ㅅ ㅎ) 만에 (ㅂ ㅎ)하신 사건이
많은 사람의 주목을 받고 있습니다. 더욱 놀라운 것은 다시 살아나신 예수님을 만났다는 목격자가
한두 명이 아니라 계속해서 나오고 있다는 것입니다.
이들의 증언을 종합해 볼 때 예수님의 부활은 부인할 수 없는 역사적 (ㅅ ㅅ)임을 알 수 있습니다.
이 방송을 보고 계신 분들 중 아직 예수님의 부활을 믿지 못하는 분들이 계시다면
지금 바로 (ㅅ ㄱ)을 펴고 확인해 보시기 바랍니다. 성경에서 수많은 목격자의 (ㅈ ㅇ)을
직접 확인해 보실 수 있습니다. 여러분도 부활을 믿지 않을 수 없을 것입니다.
지금까지 하나뉴스 ____________ 기자였습니다.

이렇게 만들어요

마이크 만들기

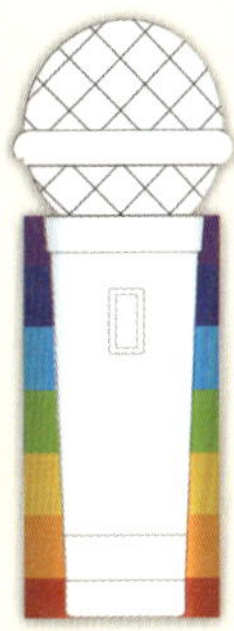

1. 예수님의 부활에 대한 뉴스 기사를 완성해요.
2. 부록에서 '마이크'를 뜯어요.
3. 색연필, 사인펜 등 필기도구를 이용해 나만의 마이크를 예쁘게 꾸며요.
4. 접는 선을 따라 접고 풀칠해 붙여서 마이크를 완성해요.
5. 완성된 마이크를 들고 기자처럼 기사 내용을 읽으며 뉴스 영상을 찍어요.
6. 찍은 영상을 예수님을 믿지 않는 친구나 가족에게 공유하여 예수님의 부활하심을 전해요.

Ending

하나님! 예수님께서 우리를 위해 역사 안에서 실제로 부활하셨음을 믿어요.
이 사실을 담대하게 전할 수 있는 용기를 주세요.

어린이 주일

예수님은 어떻게 자라나셨나요?

누가복음 2장 40, 52절

외울말씀 예수는 지혜와 키가 자라가며 하나님과 사람에게 더욱 사랑스러워 가시더라 (누가복음 2장 52절 | 눅 2:52)

Start

하나님! 예수님의 모습을 통해 하나님과 사람에게 사랑받는 방법을 깨닫게 해주세요.

말씀 속으로

본문을 읽고, 어린 예수님은 어떻게 자라셨는지 부록에 있는 '예수님의 성장 상자 ①번'에 적어 보세요.

① 아이가 자라며 __________ 졌어요. (눅 2:40)

■풀칠하는 곳

★풀칠하는 곳

●풀칠하는 곳

② __________ 가 충만하였어요. (눅 2:40)

③ 예수는 ______ 와 ______ 가 자랐어요. (눅 2:52)

④ 하나님의 ______ 가 그의 위에 있어요. (눅 2:40)

◆풀칠하는 곳

▲풀칠하는 곳

♥풀칠하는 곳

⑤ 하나님께 더욱 __________ 가셨어요. (눅 2:52)

⑥ 사람에게 더욱 __________ 가셨어요. (눅 2:52)

Point 예수님은 자라가며 하나님과 사람에게 사랑스러워 가셨어요.

생활 속으로

우리도 예수님처럼 하나님과 사람에게 사랑받으며 자라요. 부록에 있는 '예수님의 성장 상자 ②번'을 만들고 서로를 축복해요.

예수님의 성장 상자 두 개를 활용해서 '쑥쑥 자라는 주사위 게임'을 해요.

1. 한 명씩 돌아가며 자기 주사위 두 개를 동시에 던져요. (나온 수의 합이 자신의 점수가 돼요.)
2. 주사위 두 개가 같은 숫자가 나올 때까지 계속 던져요.
   (같은 숫자가 나오면 다음 사람으로 넘어가요.)
3. 자기 판이 끝나면 얻은 점수를 점수판에 기록하고 점수를 계속 더해요.
   (먼저 100점이 되는 사람이 승리해요.)
4. 주사위 두 개 중 하나에 1이 나오면 그 차례에 얻은 점수는 모두 잃고 다음 사람으로 넘어가요.
5. 주사위 두 개 모두 1이 나오면 지금까지 얻은 모든 점수를 잃고 다음 사람으로 넘어가요.

Tip 학생들이 3명 이상일 때는 주사위를 동시에 던지며 게임을 진행한다. 1이 나오거나 같은 수가 나오면 한 판 쉰다.

판	1	2	3	4	5	6	7	8	9	10
점수										
합계										

Ending

하나님! 예수님처럼 우리도 자라 가면서 하나님과 사람에게 사랑스러워질 수 있도록 해주세요.

어버이 주일

자녀들은 부모님께 어떻게 해야 하나요?

에베소서 6장 1-4절

외울말씀 자녀들아 주 안에서 너희 부모에게 순종하라 이것이 옳으니라
(에베소서 6장 1절 | 엡 6:1)

Start 하나님! 예수님 안에서 부모님을 어떻게 대하는 것이 옳은지 알게 해주세요.

말씀 속으로 자녀들은 부모님께 어떻게 해야 할까요? 바울이 보낸 편지의 빈칸을 완성하며 확인해 보세요.

에베소교회 성도들에게
자녀 여러분!
[ㅈ] 안에서 여러분의 부모에게 [ㅅ][ㅈ] 하십시오.
이것이 [ㅇ][ㅇ] 일입니다.
여러분의 아버지와 어머니를 [ㄱ][ㄱ] 하십시오.
이것은 하나님이 우리에게 주신 [ㅇ][ㅅ] 이 있는
첫 계명입니다.
이 약속을 지키면 여러분이 잘되고
땅에서 장수할 것입니다. (1-3절)

로마 감옥에서 바울이

십계명의 제5계명을 쓰고, 부모님께 순종하는 자녀에게 주신 약속은 무엇인지 빈칸에 적어 보세요.

제5계명 ____________________

"그리하면 네 하나님 여호와가 네게 준 땅에서
[ㄴ][ㅅ][ㅁ][ㅇ][ㄱ][ㄹ][ㄹ]" (출애굽기 20장 12절)

Point 주님 안에서 부모님께 순종해요.

주님 안에서 부모님께 순종하겠다는 결단의 마음을 담아 효도 실천 세트를 만들어요.

이렇게 사용해요

효도 실천 세트

1. 부록에서 '효도 실천 세트'를 뜯어요.
2. 앞면의 편지지에 부모님을 사랑하는 마음을 담아 편지를 써요.
3. 쿠폰 1, 2에 일주일동안 실천할 효도 내용 두 개를 적어요.
4. 부모님께 '효도 실천 쿠폰'을 드리고 쿠폰 뒷면의 안내문을 읽어드려요.
5. 매일 부모님께 효도를 실천한 후 도장이나 스티커를 받아요.
6. 마지막 칸까지 모두 채우면 부모님과 함께 '소풍' 또는 '외식'을 해요.
7. 부모님과 함께하는 활동은 부모님과 의논해서 바꿀 수 있어요.

Ending

하나님! 주님 안에서 순종하는 것이 옳다고 하신 말씀따라 이제 부모님에게 순종하며 살 수 있게 도와주세요.

미션 체크리스트

♥ 과별 모든 미션을 실천한 후 주일에 선생님께 스티커와 사인을 받아요.

Tip 부록에 있는 **미션 체크리스트 스티커**를 하나씩 붙여주세요.

1단원	1과 선생님 사인 스티커를 붙여주세요	2과 선생님 사인 스티커를 붙여주세요	3과 선생님 사인 스티커를 붙여주세요	4과 선생님 사인 스티커를 붙여주세요
2단원	5과 선생님 사인 스티커를 붙여주세요	6과 선생님 사인 스티커를 붙여주세요	7과 선생님 사인 스티커를 붙여주세요	8과 선생님 사인 스티커를 붙여주세요
3단원	9과 선생님 사인 스티커를 붙여주세요	10과 선생님 사인 스티커를 붙여주세요	11과 선생님 사인 스티커를 붙여주세요	12과 선생님 사인 스티커를 붙여주세요
4단원	13과 선생님 사인 스티커를 붙여주세요	14과 선생님 사인 스티커를 붙여주세요	15과 선생님 사인 스티커를 붙여주세요	16과 선생님 사인 스티커를 붙여주세요
5단원	17과 선생님 사인 스티커를 붙여주세요	18과 선생님 사인 스티커를 붙여주세요	19과 선생님 사인 스티커를 붙여주세요	
6단원	20과 선생님 사인 스티커를 붙여주세요	21과 선생님 사인 스티커를 붙여주세요	22과 선생님 사인 스티커를 붙여주세요	
절기&특별공과	종려주일 선생님 사인 스티커를 붙여주세요	부활주일 선생님 사인 스티커를 붙여주세요	어린이주일 선생님 사인 스티커를 붙여주세요	어버이주일 선생님 사인 스티커를 붙여주세요

LEVEL 1

6과

성령이 빌립더러 이르시되
이 수레로 가까이 나아가라 하시거늘
(사도행전 8장 29절)

LEVEL 2

○○이 ○○더러 이르시되
이 ○○로 가까이
○○○라 하시거늘
(○○행전 ○장 29절)

LEVEL 1

3과

베드로가 이르되 은과 금은
내게 없거니와
내게 있는 이것을 네게 주노니
나사렛 예수 그리스도의 이름으로
일어나 걸으라 하고
(사도행전 3장 6절)

LEVEL 2

○○○가 이르되 ○과 ○은
내게 없거니와
내게 있는 ○○을 네게 ○○니
나사렛 ○○ ○○○○의
○○으로 일어나 ○○○ 하고
(○○행전 ○장 6절)

초등부 요절 카드

LEVEL 1

7과

이 사람은 내 이름을
이방인과 임금들과
이스라엘 자손들에게 전하기 위하여
택한 나의 그릇이라
(사도행전 9장 15절 하반절)

LEVEL 2

이 ○○은 내 ○○을
○○○과 ○○들과
○○○○ 자손들에게
○○기 위하여
택한 ○○ ○○이라
(○○행전 ○장 15절 하반절)

LEVEL 1

4과

스데반이 지혜와 성령으로
말함을 그들이 능히 당하지 못하여
(사도행전 6장 10절)

LEVEL 2

○○○이 ○○와 ○○으로
말함을 ○○이
능히 ○○지 못하여
(○○행전 ○장 10절)

LEVEL 1

1과

오직 성령이 너희에게 임하시면
너희가 권능을 받고 예루살렘과
온 유대와 사마리아와
땅 끝까지 이르러
내 증인이 되리라 하시니라
(사도행전 1장 8절)

LEVEL 2

오직 ○○이 너희에게 ○○○면
너희가 ○○을 받고
○○○○과 온 ○○와
○○○○와
○ ○까지 이르러 내 ○○이
되리라 하시니라
(○○행전 ○장 8절)

LEVEL 1

8과

이에 베드로가 이르되
이 사람들이 우리와 같이
성령을 받았으니
누가 능히 물로 세례 베풂을
금하리요 하고
(사도행전 10장 47절)

LEVEL 2

이에 ○○○가 이르되
이 ○○○이 ○○와
같이 ○○을 받았으니
○○ 능히 ○로 ○○ 베풂을
○○리요 하고
(○○행전 ○○장 47절)

LEVEL 1

5과

빌립이 사마리아 성에 내려가
그리스도를 백성에게 전파하니
(사도행전 8장 5절)

LEVEL 2

○○이 ○○○○ 성에 내려가
○○○○를
백성에게 ○○하니
(○○행전 ○장 5절)

LEVEL 1

2과

하나님을 찬미하며
또 온 백성에게 칭송을 받으니
주께서 구원 받는 사람을
날마다 더하게 하시니라
(사도행전 2장 47절)

LEVEL 2

하나님을 ○○하며
또 온 ○○에게 ○○을 받으니
주께서 ○○ 받는 ○○을
날마다 ○○○ 하시니라
(○○행전 ○장 47절)

이렇게 사용해요

1. 암송할 과의 요절 카드를 뜯어요.
2. Level 1 만 보이도록 선을 따라 반을 접어요.
3. Level 1 의 요절을 여러 번 읽어요.
4. 뒤집어 Level 2 의 빈칸을 보며 암송해요.
5. 반대로 접어서 Level 3 의 초성 힌트를 보며 암송해요.
6. 뒤집어 Level 4 의 빈칸을 보며 암송해요.

LEVEL 3

베ㄷㄹㄱ 이ㄹㄷ 은ㄱ ㄱㅇ
내ㄱ ㅇㄱㄴㅇ
내ㄱ ㅇㄴ ㅇㄱㅇ ㄴㄱ ㅈㄴㄴ
나ㅅㄹ ㅇㅅ ㄱㄹㅅㄷ의 ㅇㄹㅇㄹ
ㅇㅇㄴ ㄱㅇ라 ㅎ고
(ㅅㄷㅎㅈ ○장 6절)

LEVEL 4

베○○○ 이○○ 은○○○
내○ ○○○○
내○ ○○ 이○○
네○○○
나○○ 예○ 그○○○○
이○○○
일○○○○○○○
(사○○○ 3장 ○절)

LEVEL 3

성ㄹㅇ ㅂㄹㄷㄹ ㅇㄹㅅㄷ
이 ㅅㄹㄹ
ㄱㄲㅇ ㄴㅇㄱㄹ 하ㅅㄱㄴ
(ㅅㄷㅎㅈ ○장 29절)

LEVEL 4

성○○ 빌○○○ 이○○○
이○○○
가○○ 나○○○ 하○○○
(사○○○ 8장 ○○절)

LEVEL 3

오ㅈ ㅅㄹㅇ 너ㅎㅇㄱ ㅇㅎㅅㅁ
너ㅎㄱ ㄱㄴ을 ㅂㄱ ㅇㄹㅅㄹ과
온 ㅇㄷ와 ㅅㅁㄹㅇ와
ㄸ ㄲ까지 이ㄹㄹ
내 ㅈㅇ이 되ㄹㄹ 하ㅅㄴㄹ
(ㅅㄷㅎㅈ ○장 8절)

LEVEL 4

오○ 성○○
너○○○ 임○○○
너○○ 권○○○○
예○○○○ 온○○○
○○○○○
땅○○○ 이○○ 내○○○
○○○ 하○○○
(사○○○ 1장 ○절)

LEVEL 3

ㅅㄷㅂㅇ 지ㅎㅇ ㅅㄹㅇㄹ
말ㅎㅇ 그ㄷㅇ ㄴㅎ ㄷㅎㅈ ㅁㅎㅇ
(ㅅㄷㅎㅈ ○장 10절)

LEVEL 4

스○○○ 지○○ 성○○○
말○○○○○
능○○○○ 못○○
(사○○○ 6장 ○○절)

LEVEL 3

이 ㅅㄹㅇ 내 ㅇㄹㅇ
이ㅂㅇㄱ ㅇㄱㄷㄱ
이ㅅㄹㅇ ㅈㅅㄷㅇㄱ 전ㅎㄱ ㅇㅎㅇ
택ㅎ ㄴㅇ ㄱㄹㅇㄹ
(ㅅㄷㅎㅈ ○장 15절 하반절)

LEVEL 4

이○○○ 내○○○
이○○○ 임○○○
이○○○ 자○○○
전○○ 위○○
택○○○○○○○
(사○○○ 9장 ○○절 하반절)

LEVEL 3

ㅎㄴㄴ을 ㅊㅁ하며
또 ㅇ ㅂㅅ에게 ㅊㅅ을 ㅂㅇㄴ
ㅈㄲ서 ㄱㅇ ㅂㄴ ㅅㄹ을
ㄴㅁㄷ ㄷㅎㄱ ㅎㅅㄴ라
(ㅅㄷㅎㅈ ○장 47절)

LEVEL 4

하○○○ 찬○○○
또○○○○○
칭○○○○
주○○ 구○○○○○○
날○○ 더○○ 하○○○
(사○○○ 2장 ○○절)

LEVEL 3

빌ㄹㅇ ㅅㅁㄹㅇ ㅅㅇ ㄴㄹ가
그ㄹㅅㄷㄹ ㅂㅅㅇㄱ ㅈㅍㅎㄴ
(ㅅㄷㅎㅈ ○장 5절)

LEVEL 4

빌○○
○○○○ 성○○○○
그○○○
백○○○ 전○○○
(사○○○ 8장 ○절)

LEVEL 3

이ㅇ ㅂㄷㄹ가 이ㄹㄷ
이 ㅅㄹㄷㅇ 우ㄹㅇ ㄱㅇ
성ㄹㅇ ㅂㅇㅇㄴ
누ㄱ ㄴㅎ ㅁㄹ ㅅㄹ 베ㅍㅇ
ㄱㅎㄹㅇ ㅎㄱ
(ㅅㄷㅎㅈ ○○장 47절)

LEVEL 4

이○ 베○○○ 이○○
이○○○○ 우○○ 같○
성○○○○○
누○ ○○ 물○○○ 베○○
금○○○○○
(사○○○ 10장 ○○절)

LEVEL 1

15과

이는 그리스도 예수 안에 있는
생명의 성령의 법이
죄와 사망의 법에서
너를 해방하였음이라
(로마서 8장 2절)

LEVEL 2

이는 ○○○○ ○○ 안에 있는
○○의 ○○의 법이
○와 ○○의 법에서
너를 ○○○○○이라
(○○서 ○장 2절)

LEVEL 1

12과

하나님의 나라를 전파하며
주 예수 그리스도에 관한 모든 것을
담대하게 거침없이 가르치더라
(사도행전 28장 31절)

LEVEL 2

○○○의 ○○를 ○○하며
주 ○○ ○○○○에 관한
○○ 것을 ○○하게
○○없이 ○○○더라
(○○행전 ○○장 31절)

LEVEL 1

9과

만나매 안디옥에 데리고 와서
둘이 교회에 일 년간 모여 있어
큰 무리를 가르쳤고 제자들이
안디옥에서 비로소 그리스도인이라
일컬음을 받게 되었더라
(사도행전 11장 26절)

LEVEL 2

만나매 ○○○에 데리고 와서
○이 ○○에 일 년간 ○○ 있어
○ ○○를 가르쳤고 ○○○이
○○○에서 비로소
○○○○○이라
○○○을 받게 되었더라
(○○행전 ○○장 26절)

LEVEL 1

16과

너희는 이 세대를 본받지 말고
오직 마음을 새롭게 함으로
변화를 받아 하나님의 선하시고
기뻐하시고 온전하신 뜻이
무엇인지 분별하도록 하라
(로마서 12장 2절)

LEVEL 2

○○는 이 ○○를 ○○지 말고
오직 ○○을 ○○게 함으로
○○를 받아 ○○○의
○○시고 ○○하시고
○○하신 ○이 무엇인지
○○하도록 하라
(○○서 ○○장 2절)

LEVEL 1

13과

내가 복음을 부끄러워하지 아니하노니
이 복음은 모든 믿는 자에게
구원을 주시는 하나님의 능력이 됨이라
먼저는 유대인에게요
그리고 헬라인에게로다
(로마서 1장 16절)

LEVEL 2

내가 ○○을
○○○○하지 아니하노니
이 ○○은 모든 ○○ ○에게
○○을 주시는
○○○의 ○○이 됨이라
먼저는 ○○○에게요
그리고 ○○○에게로다
(○○서 ○장 16절)

LEVEL 1

10과

바울이 그 환상을 보았을 때
우리가 곧 마게도냐로 떠나기를 힘쓰니
이는 하나님이 저 사람들에게
복음을 전하라고
우리를 부르신 줄로 인정함이러라
(사도행전 16장 10절)

LEVEL 2

○○이 그 ○○을 보았을 때
○○가 곧 ○○○○로
떠나기를 ○○니
이는 ○○○이 저 ○○○에게
○○을 전하라고
우리를 ○○○ 줄로
○○함이러라
(○○행전 ○○장 10절)

LEVEL 1

17과

우리는 하나님의 동역자들이요
너희는 하나님의 밭이요
하나님의 집이니라
(고린도전서 3장 9절)

LEVEL 2

○○는 ○○○의
○○○들이요
○○는 ○○○의 ○이요
○○○의 ○이니라
(○○○전서 ○장 9절)

LEVEL 1

14과

이와 같이 너희도 너희 자신을
죄에 대하여는 죽은 자요
그리스도 예수 안에서
하나님께 대하여는
살아 있는 자로 여길지어다
(로마서 6장 11절)

LEVEL 2

이와 같이 ○○도 너희 ○○을
○에 대하여는 ○○ ○요
○○○○ ○○ 안에서
○○○께 대하여는
○○ ○○ 자로 ○○지어다
(○○서 ○장 11절)

LEVEL 1

11과

한밤중에 바울과 실라가 기도하고
하나님을 찬송하매
죄수들이 듣더라
(사도행전 16장 25절)

LEVEL 2

○○○에 ○○과 ○○가
기도하고
○○○을 ○○하매
○○○이 듣더라
(○○행전 ○○장 25절)

LEVEL 3

만ㄴㅁ ㅇㄷㅇㅇ ㄷㄹㄱ ㅇ서
둘ㅇ ㄱㅎㅇ ㅇ ㄴㄱ ㅁㅇ ㅇㅇ
큰 ㅁㄹㄹ 가ㄹㅊㄱ ㅈㅈㄷㅇ
안ㄷㅇㅇㅅ 비ㄹㅅ 그ㄹㅅㄷㅇㅇㄹ
일ㅋㅇㅇ ㅂㄱ ㄷㅇㄷㄹ
(ㅅㄷㅎㅈ ○○장 26절)

만○○ 안○○○ 데○○ ○○
둘○ 교○○ ○○○ 모○ ○○
큰○○를가○○○ 제○○○
안○○○○ 비○○
그○○○○○○
일○○○ 받○ ○○○○
(사○○○ 11장 ○○절)

LEVEL 4

LEVEL 3

하ㄴㄴㅇ ㄴㄹㄹ 전ㅍㅎㅁ
주 ㅇㅅ ㄱㄹㅅㄷㅇ ㄱㅎ 모ㄷ ㄱㅇ
담ㄷㅎㄱ ㄱㅊㅇㅇ 가ㄹㅊㄷㄹ
(ㅅㄷㅎㅈ ○○장 31절)

하○○○ 나○○ 전○○○
주○○ ○○○○○
관○ ○○ ○○ 담○○○
거○○○ 가○○○○
(ㅅ○○○ 28장 ○○절)

LEVEL 4

LEVEL 3

이ㄴ ㄱㄹㅅㄷ ㅇㅅ ㅇㅇ ㅇㄴ
생ㅁㅇ ㅅㄹㅇ ㅂㅇ
죄ㅇ ㅅㅁㅇ ㅂㅇㅅ
너ㄹ ㅎㅂㅎㅇㅇㅇ라
(ㄹㅁ서 ○장 2절)

이○ 그○○○ 예○
○○ 있○
생○○ 성○○ ○○
죄○ 사○○ ○○○
너○ 해○○○○○○
(로○○ 8장 ○절)

LEVEL 4

LEVEL 3

바ㅇㅇ ㄱ ㅎㅅㅇ ㅂㅇㅇ ㄸ
우ㄹㄱ ㄱ 마ㄱㄷㄴㄹ 떠ㄴㄱㄹ ㅎㅆㄴ
이ㄴ 하ㄴㄴㅇ ㅈ ㅅㄹㄷㅇㄱ
ㅂㅇㅇ ㅈㅎㄹ고
우ㄹㄹ ㅂㄹㅅ ㅈㄹ 인ㅈㅎㅇㄹㄹ
(ㅅㄷㅎㅈ ○○장 10절)

바○○ 그○○○ 보○○ ○
우○○ 곧○○○○○
떠○○○ ○○○
이○ 하○○○ 저○○○○○
복○○ ○○○○
우○○ 부○○ ○○
인○○○○○
(○○○○ 16장 ○○절)

LEVEL 4

LEVEL 3

내ㄱ 복ㅇㅇ
부ㄲㄹㅇㅎㅈ 아ㄴㅎㄴㄴ
이 ㅂㅇㅇ 모ㄷ ㅁㄴ ㅈㅇㄱ
ㄱㅇㅇ ㅈㅅㄴ
하ㄴㄴㅇ 능ㄹㅇ ㄷㅇㄹ
먼ㅈㄴ ㅇㄷㅇㅇㄱ요
그ㄹㄱ 헬ㄹㅇㅇㄱㄹㄷ
(ㄹㅁ서 ○장 16절)

내○ 복○○
부○○○○○ 아○○○○
이○○○ 모○ ○○ 자○○
구○○ ○○○
하○○○ 능○○ ○○○
먼○○ 유○○○○○
그○○ 헬○○○○○○
(로○○ 1장 ○○절)

LEVEL 4

LEVEL 3

너ㅎㄴ ㅇ ㅅㄷㄹ 본ㅂㅈ ㅁㄱ
오ㅈ ㅁㅇㅇ ㅅㄹㄱ ㅎㅇㄹ
ㅂㅎㄹ ㅂㅇ
하ㄴㄴㅇ ㅅㅎㅅㄱ ㄱㅃㅎㅅㄱ
온ㅈㅎㅅ ㄸㅇ
ㅁㅇㅇㅈ 분ㅂㅎㄷㄹ ㅎㄹ
(ㄹㅁ서 ○○장 2절)

너○○ 이○○○
본○○ 말○
오○ 마○○ 새○○ 함○○
변○○ ○○ 하○○○
선○○○ 기○○○○
온○○○ 뜻○ 무○○○
분○○○○ 하○
(로○○ 12장 ○절)

LEVEL 4

LEVEL 3

한ㅂㅈㅇ ㅂㅇㄱ ㅅㄹㄱ 기ㄷㅎㄱ
하ㄴㄴㅇ ㅊㅅㅎㅁ
죄ㅅㄷㅇ ㄷㄷㄹ
(ㅅㄷㅎㅈ ○○장 25절)

한○○○
바○○ 실○○ 기○○○
하○○○ 찬○○○
죄○○○ ○○○
(사○○○ 16장 ○○절)

LEVEL 4

LEVEL 3

이ㅇ 같ㅇ 너ㅎㄷ 너ㅎ 자ㅅㅇ
죄ㅇ 대ㅎㅇㄴ 죽ㅇ 자ㅇ
그ㄹㅅㄷ 예ㅅ 안ㅇㅅ
하ㄴㄴㄲ 대ㅎㅇㄴ
살ㅇ 있ㄴ 자ㄹ 여ㄱㅈㅇㄷ
(ㄹㅁ서 ○장 11절)

이○ ○○ 너○○
너○ ○○○
죄○ ○○○○ 죽○○○
그○○○ 예○ ○○○
하○○○ 대○○○
살○ ○○ 자○ 여○○○○
(로○○ 6장 ○○절)

LEVEL 4

LEVEL 3

우ㄹㄴ ㅎㄴㄴㅇ ㄷㅇㅈㄷㅇㅇ
너ㅎㄴ ㅎㄴㄴㅇ ㅂㅇㅇ
하ㄴㄴㅇ ㅈㅇㄴㄹ
(ㄱㄹㄷㅈㅅ ○장 9절)

우○○ 하○○○
동○○○○○
너○○ 하○○○ 받○○
하○○○ 집○○○
(고○○○서 3장 ○절)

LEVEL 4

부활주일

장사 지낸 바 되셨다가
성경대로 사흘 만에
다시 살아나사
(고린도전서 15장 4절)

○○ 지낸 바 되셨다가
○○대로 ○○ 만에
다시 ○○○사
(○○○전서 ○○장 4절)

21과

그러므로 하나님의 전신 갑주를 취하라
이는 악한 날에 너희가 능히 대적하고
모든 일을 행한 후에 서기 위함이라
(에베소서 6장 13절)

그러므로
○○○의 ○○○○를 취하라
이는 ○○ 날에 ○○가
능히 ○○하고 ○○ 일을 ○○
후에 ○○ 위함이라
(○○○서 ○장 13절)

18과

사랑은 오래 참고 사랑은 온유하며
시기하지 아니하며
사랑은 자랑하지 아니하며
교만하지 아니하며
(고린도전서 13장 4절)

○○은 ○○ 참고
○○은 ○○하며
○○하지 아니하며
○○은 ○○하지 아니하며
○○하지 아니하며
(○○○전서 ○○장 4절)

어린이 주일

예수는 지혜와 키가 자라가며
하나님과 사람에게
더욱 사랑스러워 가시더라
(누가복음 2장 52절)

○○는 ○○와 ○가 자라가며
○○○과 ○○에게
더욱 ○○스러워 ○○더라
(○○복음 ○장 52절)

22과

아무 것도 염려하지 말고
다만 모든 일에 기도와 간구로,
너희 구할 것을 감사함으로
하나님께 아뢰라
(빌립보서 4장 6절)

아무 것도 ○○하지 말고
다만 ○○○에
○○와 ○○로,
너희 ○○ 것을 ○○○으로
○○○께 ○○라
(○○○서 ○장 6절)

19과

우리가 이 보배를 질그릇에 가졌으니
이는 심히 큰 능력은 하나님께 있고
우리에게 있지 아니함을
알게 하려 함이라
(고린도후서 4장 7절)

○○가 이 ○○를
○○○에 가졌으니 이는 심히
○○○은 ○○○께 있고
○○에게 있지 ○○○을
알게 하려 함이라
(○○○후서 ○장 7절)

어버이 주일

자녀들아 주 안에서
너희 부모에게 순종하라
이것이 옳으니라
(에베소서 6장 1절)

○○들아 ○○에서
너희 ○○에게 ○○하라
이것이 ○○니라
(○○○서 ○장 1절)

종려주일

내 아버지여 만일 할 만하시거든
이 잔을 내게서 지나가게 하옵소서
그러나 나의 원대로 마시옵고
아버지의 원대로 하옵소서 하시고
(마태복음 26장 39절 하반절)

내 ○○○여
만일 ○○○○거든
이 ○을 내게서 ○○○게 하옵소서
그러나 ○의 ○○로 ○○○고
○○○의 ○대로 ○○소서 하시고
(○○복음 ○○장 39절 하반절)

20과

오직 성령의 열매는 사랑과 희락과
화평과 오래 참음과 자비와 양선과
충성과 온유와 절제니
이같은 것을 금지할 법이 없느니라
(갈라디아서 5장 22-23절)

오직 ○○의 ○○는
○○과 ○○과
○○과 오래 참음과 ○○와
양선과 ○○과 온유와 ○○니
이같은 것을 ○○○ 법이 없느니라
(○○○○서 ○장 22-23절)

사ㄹㅇ ㅇㄹ ㅊㄱ 사ㄹㅇ ㅇㅇㅎㅁ
시ㄱㅎㅈ 아ㄴㅎㅁ
사ㄹㅇ ㅈㄹㅎㅈ 아ㄴㅎㅁ
교ㅁㅎㅈ ㅇㄴㅎㅁ

(ㄱㄹㄷㅈ서 ○○장 4절)

사○○ 오○ ○○
사○○ 온○○○
시○○○ 아○○○
사○○ 자○○○ 아○○○
교○○○ 아○○○

(고○○○서 13장 ○절)

그ㄹㅁㄹ 하ㄴㄴㅇ 전ㅅ ㄱㅈㄹ ㅊㅎㄹ
이ㄴ ㅇㅎ ㄴㅇ 너ㅎㄱ ㄴㅎ ㄷㅈㅎㄱ
모ㄷ ㅇㅇ ㅎㅎ ㅎㅇ 서ㄱ ㅇㅎㅇㄹ

(ㅇㅂㅅ서 ○장 13절)

그○○○ 하○○○
전○ ○○○ 취○○
이○ ○○ 날○ 너○○
능○ ○○○○
모○ ○○ 행○ ○○
서○ ○○○○

(에○○서 6장 ○○절)

장ㅅ ㅈㄴ ㅂ ㄷㅅㄷㄱ
성ㄱㄷㄹ 사ㅎ ㅁㅇ
다ㅅ ㅅㅇㄴㅅ

(ㄱㄹㄷㅈ서 ○○장 4절)

장○ 지○ ○ 되○○○
성○○○ 사○ ○○
다○ 살○○○

(고○○○서 15장 ○절)

우ㄹㄱ 이 ㅂㅂㄹ ㅈㄱㄹㅇ 가ㅈㅇㄴ
이ㄴ ㅅㅎ ㅋ ㄴㄹ은 ㅎㄴㄴㄲ ㅇㄱ
우ㄹㅇㄱ ㅇㅈ 아ㄴㅎㅇ
ㅇㄱ ㅎㄹ ㅎㅇㄹ

(ㄱㄹㄷㅎ서 ○장 7절)

우○○ 이 ○○○
질○○○ 가○○○
이○ 심○ 큰○○○
하○○○ 있○
우○○○ 있○ 아○○○
알○ ○○ 함○○

(고○○○서 4장 ○절)

아ㅁ ㄱㄷ ㅇㄹㅎㅈ ㅁㄱ
다ㅁ ㅁㄷ ㅇㅇ 기ㄷㅇ ㄱㄱㄹ,
너ㅎ ㄱㅎ ㄱㅇ 감ㅅㅎㅇㄹ
하ㄴㄴㄲ ㅇㄹㄹ

(ㅂㄹㅂ서 ○장 6절)

아○ ○○ 염○○○ ○○
다○ ○○ 일○
기○ ○○○○,
너○ ○○ 것○ 감○○○○
하○○○ 아○○

(빌OO서 4장 O절)

예ㅅㄴ ㅈㅎㅇ ㅋㄱ 자ㄹㄱㅁ
하ㄴㄴㄱ ㅅㄹㅇㄱ
더ㅇ ㅅㄹㅅㄹㅇ 가ㅅㄷㄹ

(ㄴㄱㅂㅇ ○장 52절)

예○○ 지○○
○○ 자○○○
하○○○ 사○○○
더○ 사○○○○ 가○○○

(누○○음 2장 ○○절)

오ㅈ ㅅㄹㅇ ㅇㅁㄴ ㅅㄹㄱ ㅎㄹㄱ
화ㅍㄱ ㅇㄹ ㅊㅇㄱ ㅈㅂㅇ ㅇㅅㄱ
충ㅅㄱ ㅇㅇㅇ ㅈㅈㄴ
이ㄱㅇ ㄱㅇ 금ㅈㅎ ㅂㅇ ㅇㄴㄴㄹ

(ㄱㄹㄷㅇㅅ ○장 22-23절)

오○ 성○○ 열○○
사○○ 희○○ 화○○
오○ ○○○ 자○○ 양○○
충○○ 온○○ 절○○
이○○ ○○
금○○ 법○ ○○○○

(갈○○○서 5장 ○○-○○절)

내 ㅇㅂㅈㅇ 만ㅇ ㅎ ㅁㅎㅅㄱㄷ
이 ㅈㅇ 내ㄱㅅ 지ㄴㄱㄱ ㅎㅇㅅㅅ
그ㄹㄴ ㄴㅇ 원ㄷㄹ ㅁㅅㅇㄱ
아ㅂㅈㅇ ㅇㄷㄹ 하ㅇㅅㅅ ㅎㅅ고

(ㅁㅌㅂㅇ ○○장 39절 하반절)

내 아○○○
만○ ○ 만○○○○
이 ○○ 내○○ 지○○○
하○○○ 그○○ 나○
○○○ 마○○○
아○○○ 원○○
하○○○ 하○○

(마○○○ 26장 ○○절 하반절)

자ㄴㄷㅇ ㅈ ㅇㅇㅅ
너ㅎ ㅂㅁㅇㄱ 순ㅈㅎㄹ
이ㄱㅇ ㅇㅇㄴㄹ

(ㅇㅂㅅㅅ ○장 1절)

자○○○ 주○○○
너○ 부○○○ 순○○○
이○○ 옳○○○

(에○○○ 6장 ○절)

1과 부록 카드 뉴스

1과 부록 타임캡슐

예수님의 증인 타임캡슐

개봉 예정일:

기도 제목

1. 이번 학기에 내가 꼭 전도하고 싶은 친구는?
2. 오랫동안 결석하고 있는 친구 중 함께 기도할 친구는?
3. 나의 기도 제목은?

20 년 월 일

이름:

예수님은
죄와 죽음을 이기시고
장사한 지 삼 일 만에
다시 살아나셨어요.
우리는
예수님의 죽으심과
부활을 전하는
증인이에요.

예수님은
아무 죄가 없으셨지만
죄인인 우리를
구원하시기 위해
대신 십자가에
달려 죽으셨어요.
우리는 예수님 때문에
구원 받은
하나님의 자녀가 되었어요.

예수님은 사람들에게
하나님 나라의 복음을
알려주셨어요.
모든 약한 것을 고치시고,
아픈 사람을 치료해 주셨어요.
귀신들을 내어 쫓으시고
죽은 사람을 살리셨어요.

예수님의 증인 타임캡슐

개봉일 ______________________

이 름 ______________________

본인외 개봉 금지

2과 부록 나눔 카드

나눔 카드

믿는 사람이 다 함께 있어
모든 물건을 서로 통용하고
또 재산과 소유를 팔아
각 사람의 필요를 따라 나눠 주며
(사도행전 2장 44-45절)

나눔 카드

믿는 사람이 다 함께 있어
모든 물건을 서로 통용하고
또 재산과 소유를 팔아
각 사람의 필요를 따라 나눠 주며
(사도행전 2장 44-45절)

3과 부록 기억 책갈피

예수님의 이름의 능력으로 하나님 나라를 전파해요!

**"베드로가 이르되 은과 금은 내게 없거니와
내게 있는 이것을 네게 주노니
나사렛 예수 그리스도의 이름으로 일어나 걸으라 하고"
(사도행전 3장 6절)**

3과
부록 스티커를
붙여 주세요.

이름

1 나누고 싶은 물건은?

2 어떤 사람에게 나눠 주고 싶나요?

이름

1 나누고 싶은 물건은?

2 어떤 사람에게 나눠 주고 싶나요?

나 ______ 은(는)

의 NAME 의

능력을 기억하며

사랑하는 ______ 을(를)

로 섬기겠습니다.

사랑하는 ______ 에게

하나님의 나라를

전파하겠습니다.

상황 카드

기도 카드
하나님, 나에게 지혜와 성령의 능력을 주세요.

하나님,
어렵고 두려운
상황을 만났어요.

나에게 은혜와
권능을 주셔서
하나님 나라를 담대하게
전하게 해주세요.

지혜와 성령의 능력으로
담대하게 맞설 수 있도록
도와주세요.

예수님의 이름으로
기도합니다.
아멘.

내가 만난 두려운 상황은?

따돌림
예수님께 칭찬
★풀칠
★붙이는 곳
♥붙이는 곳
♥풀칠

●풀칠

♣풀칠

♣붙이는 곳

말씀 스티커
붙이는 곳
나의 편견
말씀 스티커
붙이는 곳

말씀 스티커
붙이는 곳
나의 편견
말씀 스티커
붙이는 곳

★풀칠

★붙이는 곳

♥풀칠

♥붙이는 곳

찬양해요
다시 일어나요♪
한밤중에 바울과
실라가 기도하고
하나님을 찬송하매
죄수들이 듣더라
(사도행전 16장 25절)
매일 기도 카드
이름:

주일

11과 부록 스티커를
붙여주세요.

월

11과 부록 스티커를
붙여주세요.

화

11과 부록 스티커를
붙여주세요.

수

11과 부록 스티커를
붙여주세요.

목

11과 부록 스티커를
붙여주세요.

금

11과 부록 스티커를
붙여주세요.

토

11과 부록 스티커를
붙여주세요.

1
Made in GOD
Made in GOD
3
2
4
5

1

하나님은
너를 사랑하시며
너를 향한 특별한 계획을
가지고 계셔!

2

그 계획은 예수님을
보내시는 거였어.
예수님은 죄에 빠진
우리를 구원하시기 위해
이 땅에 오셨어!

4

예수님을 믿으면
너도 하나님의
자녀가 돼!

3

예수님이 십자가에서
우리 죄를 위해 대신 죽으시고
3일 만에
다시 살아나셨어!

5

우리 교회에
너를 초대할게!

__________, 안녕?

너는 참 소중해.

예수님처럼 나도 너를 사랑해.

너에게 그 사랑을 보여주고 싶어.

내가 ______________________.

약속을 지킬게. 사랑해!

예수님 안에서

우린 하나야!

♥풀칠하는 곳

★풀칠하는 곳

♣풀칠하는 곳

의 나무

"항상 성령을 따라
살아갈 수 있도록 도와주세요"

★붙이는 곳

◇풀칠하는 곳

붙이는 곳

붙이는 곳

아무 것도 염려하지 말고
다만 모든 일에 기도와 간구로,
너희 구할 것을 감사함으로 하나님께 아뢰라
(빌립보서 4:6)

풀칠하는 곳

붙이는 곳

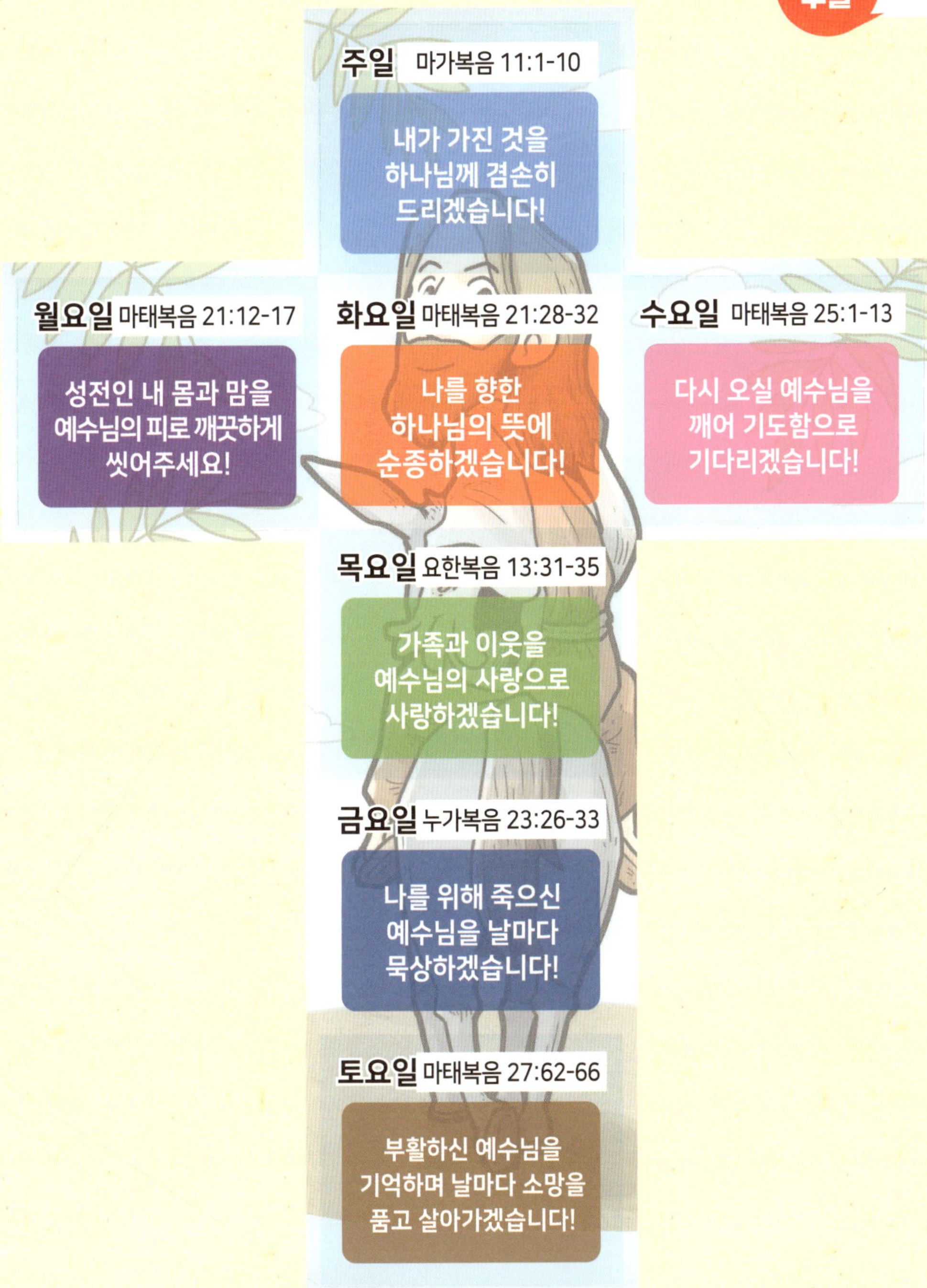

주일 마가복음 11:1-10

내가 가진 것을
하나님께 겸손히
드리겠습니다!

월요일 마태복음 21:12-17

성전인 내 몸과 맘을
예수님의 피로 깨끗하게
씻어주세요!

화요일 마태복음 21:28-32

나를 향한
하나님의 뜻에
순종하겠습니다!

수요일 마태복음 25:1-13

다시 오실 예수님을
깨어 기도함으로
기다리겠습니다!

목요일 요한복음 13:31-35

가족과 이웃을
예수님의 사랑으로
사랑하겠습니다!

금요일 누가복음 23:26-33

나를 위해 죽으신
예수님을 날마다
묵상하겠습니다!

토요일 마태복음 27:62-66

부활하신 예수님을
기억하며 날마다 소망을
품고 살아가겠습니다!

접어서 끼는 고정판

★풀칠하는 곳

★붙이는 곳

1
아이가 자라며
________졌어요.
(눅 2:40)

■풀칠하는 곳

★풀칠하는 곳

◐풀칠하는 곳

2
________가
충만하였어요.
(눅 2:40)

3
예수는 ______와
______가 자랐어요.
(눅 2:52)

4
하나님의 ______가
그의 위에 있어요.
(눅 2:40)

◆풀칠하는 곳

▲풀칠하는 곳

♥풀칠하는 곳

5
하나님께 더욱
____
가셨어요. (눅 2:52)

6
사람에게 더욱
____
가셨어요. (눅 2:52)

♣풀칠하는 곳

♣붙이는 곳
★붙이는 곳
■붙이는 곳
♥붙이는 곳
▼붙이는 곳
◆붙이는 곳
◐붙이는 곳

1
건강하게 자라요
■풀칠하는 곳
★풀칠하는 곳
2
지혜롭게 자라요
3
예배하며 자라요
4
찬양하며 자라요
●풀칠하는 곳
◆풀칠하는 곳
▲풀칠하는 곳
♥풀칠하는 곳
5
기도하며 자라요
6
축복받고 자라요
♣풀칠하는 곳

♣붙이는 곳
★붙이는 곳
■붙이는 곳
♥붙이는 곳
▲붙이는 곳
◆붙이는 곳
◐붙이는 곳

To.

효도 실천 쿠폰 1

효도 내용

소풍

효도실천세트 안내문

1. 어버이주일을 맞아 부모님께 감사한 마음을 담아 편지와 쿠폰을 준비했어요.
2. 효도 내용과 실천한 모습을 보시고 도장이나 스티커로 쿠폰을 채워주세요.
3. 쿠폰을 다 채우면 온가족이 외식을 하거나 소풍을 가는 등 가족과의 시간을 보낼 수 있도록 함께 해주세요.

효도 실천 쿠폰 2

효도 내용

			외식

3과 말씀 속으로 부록 스티커

나는 태어나면서부터 걷지 못하는 장애인이다.
오늘도 친구들이 나를 성전 미문에 메어다 주었다.
성전에 들어가는 사람들에게 구걸하는 것이
나의 일이기 때문이다. (2절)

시간은 흘러 제 구시(오후 3시) 기도 시간이 되었다.
베드로와 요한이 성전에 들어가려 하고 있었다.
나는 그들에게 도와 달라고 구걸했다. (1절, 3절)

베드로가 이상한 말을 했다.
"은과 금은 내게 없거니와 내게 있는 이것을
네게 주노니 나사렛 예수 그리스도의 이름으로
일어나 걸으라." (6절)

그가 나의 오른손을 잡아 일으키는 데 발과 발목이 힘이
생기는 것이 느껴졌다. 나는 그들과 함께 성전으로 들어
갔다. 걷기도 하며 뛰기도 하며 하나님을 찬송했다.
나는 오늘 예수님의 이름의 능력을 체험했다. (7-10절)

3과 생활 속으로 부록 스티커

6과 말씀 속으로 부록 스티커

빌립 빌립 내시

주의 사자 주의 사자 내시

내시

4과 말씀 속으로 부록 스티커

7과 생활 속으로 부록 스티커

8과 생활 속으로 부록 스티커

또 이르시되
너희는 온 천하에 다니며
만민에게 복음을 전파하라
(마가복음 16장 15절)

하나님은 모든 사람이 구원을
받으며 진리를 아는 데에
이르기를 원하시느니라
(디모데전서 2장 4절)

예수께서 이르시되
내가 곧 길이요 진리요 생명이니
나로 말미암지 않고는
아버지께로 올 자가 없느니라
(요한복음 14장 6절)

울며 씨를 뿌리러 나가는 자는
반드시 기쁨으로 그 곡식 단을
가지고 돌아오리로다
(시편 126편 6절)

9과 말씀 속으로 부록 스티커

9과 생활 속으로 부록 스티커

기도 어려움을 당하고 있는 이웃교회를 위해 **기도**로 도울 수 있어요.

헌금 어려움을 당하고 있는 이웃교회를 위해 **헌금**을 보내 도울 수 있어요.

봉사 어려움을 당하고 있는 이웃교회를 위해 **봉사**로 도울 수 있어요.

( ) 어려움을 당하고 있는 이웃교회를 위해 ( )로 보내 도울 수 있어요.

사랑 어려움을 당하고 있는 이웃교회를 위해 **사랑**으로 도울 수 있어요.

10과 말씀 속으로 부록 스티커

마게도냐행
"마게도냐로 건너와서 우리를 도우라"(9절)

소아시아행
"성령이 아시아에서 말씀을 전하지 못하게 하시거늘"(6절)

비두니아행
"예수의 영이 허락하지 아니하시는지라"(7절)

10과 생활 속으로 부록 스티커

11과 말씀 속으로 부록 스티커

11과 생활 속으로 부록 스티커

하나님, 오늘은 힘든 일이 있었습니다.

하나님, 오늘도 행복한 하루를 주셔서 감사합니다.

하나님, 오늘도 기쁜 하루를 주셔서 감사합니다.

하나님을 예배할 수 있는 날을 주셔서 감사합니다.

하나님, 오늘도 즐거운 하루를 주셔서 감사합니다.

하나님, 오늘은 너무 화나는 일이 있었습니다.

나를 만드시고 구원해주신 하나님, 감사하고 사랑합니다.

하나님께 기도하며 찬양하는 복된 날을 주셔서 감사합니다.

하나님, 오늘은 너무 마음이 아픈 일이 있었습니다.

12과 생활 속으로 부록 스티커

바울
사도행전
28장 23-31절

바울
사도행전
16장 25-34절

빌립
사도행전
8장 1-8절

스데반
사도행전
6장 8-15절

베드로
사도행전
3장 1-10절

15과 말씀 속으로 부록 스티커

16과 말씀 속으로 부록 스티커

축복하라

선한 일을 도모하라

함께 울라

화목하라

낮은 데 처하며

맡기라

선으로 악을 이기라

16과 생활 속으로 부록 스티커

18과 말씀 속으로 부록 스티커

오래 참아요

진리와 함께 기뻐해요

모든 것을 참아요

모든 것을 믿어요

모든 것을 견뎌요

모든 것을 바라요

온유해요

시기하지 않아요

교만하지 않아요

악한 것을 생각하지 않아요

자랑하지 않아요

성내지 않아요

무례히 행하지 않아요

자기의 유익을 구하지 않아요

불의를 기뻐하지 않아요

19과 말씀 속으로 부록 스티커

1

2

3

20과 말씀 속으로 부록 스티커

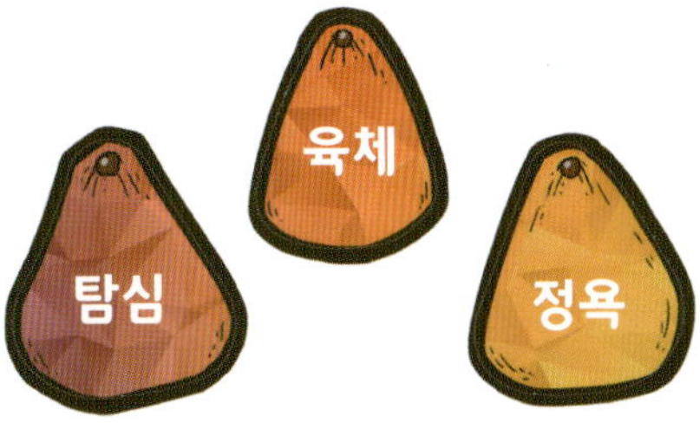

20과 생활 속으로 부록 스티커

21과 말씀 속으로 부록 스티커

21과 생활 속으로 부록 스티커

종려 주일 생활 속으로 부록 스티커

어버이주일 생활 속으로 부록 스티커

미션북 미션 체크리스트 스티커(교사)

꾸미기 스티커 가위로 오려서 사용하세요.

초등부 3과정 · 1학기 학생용

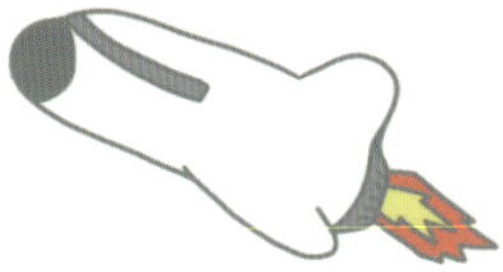

기획 | 총회교육개발원

총회교육개발원 원장 | 노영주

교육과정 | 김광열 김희석 김희자 신국원 유은희 이관직 조호형

공과집필 | 황성구 김은총 김지언 박요셉 서선경 안성은 윤흥식
이정식 이진환 조형준 조혜영 최대명 한경태 허혜학

감수 | (교수) 김대웅 김요섭 김희자 신국원 정승원 조호형 함영주
(목회자) 송태근 권순웅 김창현 이양수 이인호 장봉생

교정 | 박운희 **그림** | 이무현

표지·내지 디자인 | 지온커뮤니케이션

App 개발 | cubelean 한셈

하나바이블

초판발행 | 2022년 11월 25일 **초판2쇄** | 2023년 11월 30일

편집 | 대한예수교장로회총회 교육개발원

제작 | 대한예수교장로회총회 출판부

출판국장 | 김귀분 **출판팀장** | 조미예 **마케팅 부장** | 김경환

발행 | 대한예수교장로회총회

주소 | 06177 서울시 강남구 영동대로 330

전화 | 02-559-5643(교육개발원) 559-5655-7(출판부)

팩스 | 02-559-8490(교육개발원) 6940-9384(출판부)

홈페이지 | www.총회교육.com www.holyonebook.com

제조국 | 대한민국

ISBN 979-11-92120-67-6(04230)
979-11-92120-60-7(04230) 세트

값 7,500원

하나 바이블

The Kingdom of God in the Bible
하나 바이블은 성경 속에서 **하나님 나라**를 배우는 책입니다.
왕관은 하나님의 통치, 길은 하나님 나라 백성의 삶을 의미합니다.

초등부
3과정·1학기
학생용

가정용
미션북

"하나님 나라의 전파"

하나 바이블

대한예수교장로회총회

하나 바이블

The Kingdom of God in the Bible
하나 바이블은 성경 속에서 하나님 나라를 배우는 책입니다.
왕관은 하나님의 통치, 길은 하나님 나라 백성의 삶을 의미합니다.

가정용
미션북

초등부
3과정·1학기
학생용

"하나님 나라의 전파"

하나 바이블

교회 :

이름 :

대한예수교장로회총회

CONTENTS

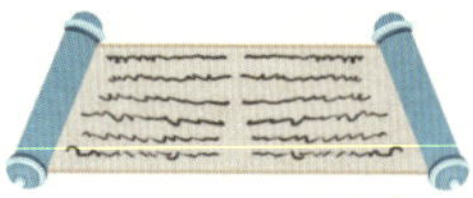

4단원 오직 믿음으로 전파되는 하나님 나라

5단원 교회 공동체를 통해 나타나는 하나님 나라

6단원 하나님 나라 백성의 모습

절기& 특별공과

미션북 사용법

미션북은 주중에 배운 말씀을 복습하고 예습할 수 있는 주중 교재예요.
미션북은 '성경 이야기 영상, 성경스토리, 미션1, 미션2, 미션3, 질문 있어요!'로 구성되어 있어요.

1과 예수님은 제자들에게 무엇을 명령하셨나요?

사도행전 1장 3-11절

성경이야기

Point 예수님은 제자들에게 하나님 나라 전파를 명령하셨어요.

부활하신 예수님은 40일 동안 제자들에게 나타나셔서 '하나님 나라의 일'에 대해 가르치셨어요. 그리고 하늘로 올라가시기 전에 제자들에게 예루살렘에서 하나님이 약속하신 성령을 기다리라고 말씀하셨어요. 성령이 제자들에게 임하시면 능력을 받아 예루살렘과 온 유대와 사마리아와 땅끝까지 이르러 예수님의 증인이 될 것이라고 하셨어요. 예수님은 제자들에게 성령님의 능력을 받아 하나님 나라를 전파하라고 명령하셨어요. 우리도 하나님 나라의 전파 명령을 마음에 품고 성령의 능력을 사모하며 살아요.

요절챈트

미션1 요절 카드로 암송하고 빈칸 채우며 확인하기 (사도행전 1장 8절)

오직 ◯◯이 너희에게 ◯◯◯면 너희가 ◯◯을 받고
◯◯◯◯과 온 ◯◯와 ◯◯◯◯◯와 ◯◯까지 이르러
내 ◯◯이 되리라 하시니라(◯◯행전 ◯장 ◯절)

8 | 초등부 미션북

성경 이야기 영상을 보고 성경스토리를 읽는다.

주일 설교 말씀을
기억하며 영상을 보고
성경스토리를 읽으세요.

미션1 | 요절 카드로 암송하고 빈칸을 채우며 확인한다.

입에서 자연스럽게 나올 수 있도록 요절 카드를 활용해 암송한 후 빈칸을 채우며 확인해요.

미션2 | 본문 말씀을 읽은 후 내용을 묵상하며 질문에 답을 적는다.

한 주 먼저 말씀을 묵상함으로 주일에 말씀을 잘 깨달을 수 있어요. 절기&특별 공과는 주일에 배운 말씀을 복습하며 묵상해요.

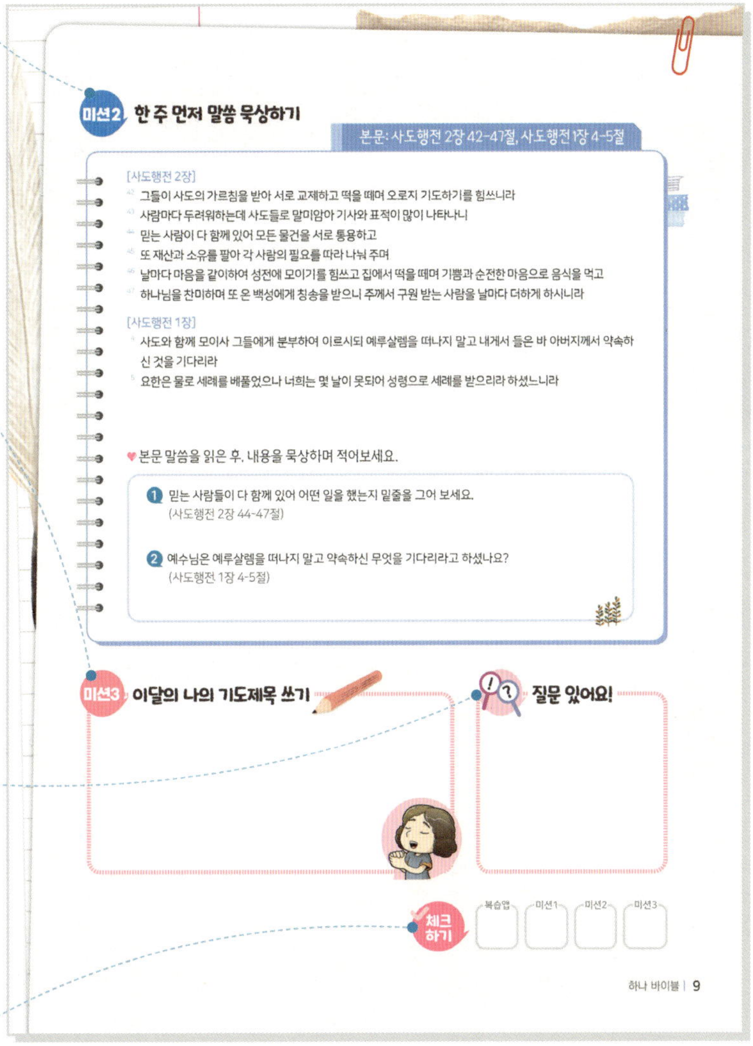

미션2 한 주 먼저 말씀 묵상하기

본문: 사도행전 2장 42-47절, 사도행전 1장 4-5절

[사도행전 2장]

42 그들이 사도의 가르침을 받아 서로 교제하고 떡을 떼며 오로지 기도하기를 힘쓰니라
43 사람마다 두려워하는데 사도들로 말미암아 기사와 표적이 많이 나타나니
44 믿는 사람이 다 함께 있어 모든 물건을 서로 통용하고
45 또 재산과 소유를 팔아 각 사람의 필요를 따라 나눠 주며
46 날마다 마음을 같이하여 성전에 모이기를 힘쓰고 집에서 떡을 떼며 기쁨과 순전한 마음으로 음식을 먹고
47 하나님을 찬미하며 또 온 백성에게 칭송을 받으니 주께서 구원 받는 사람을 날마다 더하게 하시니라

[사도행전 1장]

4 사도와 함께 모이사 그들에게 분부하여 이르시되 예루살렘을 떠나지 말고 내게서 들은 바 아버지께서 약속하
신 것을 기다리라
5 요한은 물로 세례를 베풀었으나 너희는 몇 날이 못되어 성령으로 세례를 받으리라 하셨느니라

♥ 본문 말씀을 읽은 후, 내용을 묵상하며 적어보세요.

1. 믿는 사람들이 다 함께 있어 어떤 일을 했는지 밑줄을 그어 보세요. (사도행전 2장 44-47절)
2. 예수님은 예루살렘을 떠나지 말고 약속하신 무엇을 기다리라고 하셨나요? (사도행전 1장 4-5절)

미션3 이달의 나의 기도제목 쓰기

질문 있어요!

체크하기 | 복습앱 | 미션1 | 미션2 | 미션3

하나 바이블 | 9

미션3 | 매주 달라지는 미션을 실천한다.

미션 3은 이달의 나의 기도제목 쓰기, 하나 실천 계획, 감사제목 3가지 쓰기, 단원 영상 보고 요약하기(가사 써보기) 등으로 구성되어 있어요.

'질문 있어요!'

이해가 안 되거나 궁금한 내용을 적어 두었다가 선생님께 질문할 수 있어요.

미션을 실천한 후 체크하기에 O, X를 표시한다.

모든 미션을 실천한 후 체크리스트(미션북 60p)에 스티커를 붙이고 주일에 선생님께 확인(교회용 60p, 스티커&사인)을 받으세요..

초등부 학생용 앱(APP) 활용법

하나 바이블

[하나 바이블 초등부] 앱(APP)은
종이 교재를 벗어나 **입체적인 신앙교육**을 가능하게 해요.
이제 하나 바이블 초등부 앱을 통해 언제, 어디에서나
성경스토리 애니메이션, 단원찬양, 챈트영상을 보며
미리 학습하거나 다시 보며 복습할 수 있어요.

사용법/
앱다운로드

1단계

스토어에서
"하나 바이블 초등부"앱을
내려 받아 설치해요.

—

안드로이드폰과 아이폰에서
모두 사용할 수 있어요.

2단계

하나 바이블 초등부 앱을
실행한 후 '학생/학부모
입니다'를 선택해요.

—

학생/학부모는 회원가입을
하지 않아도 사용할 수 있어요.

3단계

사용하는 공과의 과정
(3과정 1학기)을
선택하고 보고 싶은
영상을 시청해요.

—

성경스토리, 단원찬양, 챈트,
미션북 정답, QT, 신앙점검,
음악감상, 게임 등을 할 수 있어요.

4단계

매일 '신앙점검'에서
성경 읽기 체크, 기도,
감사, 세 줄 일기를 써요.

5단계

토요일은 미션북과 함께
영상을 보며
이번 주에 배울 말씀을
미리 학습해요.

♥우리 반을 소개합니다♥

♥선생님 이름: ♥생일: ♥좋아하는 음식: ♥친구의 장점:	♥친구 이름: ♥생일: ♥좋아하는 음식: ♥친구의 장점:
♥선생님 이름: ♥생일: ♥좋아하는 음식: ♥친구의 장점:	♥친구 이름: ♥생일: ♥좋아하는 음식: ♥친구의 장점:
♥선생님 이름: ♥생일: ♥좋아하는 음식: ♥친구의 장점:	♥친구 이름: ♥생일: ♥좋아하는 음식: ♥친구의 장점:
♥선생님 이름: ♥생일: ♥좋아하는 음식: ♥친구의 장점:	♥친구 이름: ♥생일: ♥좋아하는 음식: ♥친구의 장점:

'형제를 사랑하여 서로 우애하고 존경하기를 서로 먼저 하며
부지런하여 게으르지 말고 열심을 품고 주를 섬기라' (로마서 12장 10-11절)

1과 예수님은 제자들에게 무엇을 명령하셨나요?

사도행전 1장 3-11절

성경이야기

Point 예수님은 제자들에게 하나님 나라 전파를 명령하셨어요.

부활하신 예수님은 40일 동안 제자들에게 나타나셔서 '하나님 나라의 일'에 대해 가르치셨어요. 그리고 하늘로 올라가시기 전에 제자들에게 예루살렘에서 하나님이 약속하신 성령을 기다리라고 말씀하셨어요. 성령이 제자들에게 임하시면 능력을 받아 예루살렘과 온 유대와 사마리아와 땅끝까지 이르러 예수님의 증인이 될 것이라고 하셨어요. 예수님은 제자들에게 성령님의 능력을 받아 하나님 나라를 전파하라고 명령하셨어요. 우리도 하나님 나라의 전파 명령을 마음에 품고 성령의 능력을 사모하며 살아요.

미션1 요절 카드로 암송하고 빈칸 채우며 확인하기 (사도행전 1장 8절)

요절챈트♪

오직 ◯◯이 너희에게 ◯◯◯면 너희가 ◯◯을 받고
◯◯◯◯과 온 ◯◯와 ◯◯◯◯와 ◯◯까지 이르러
내 ◯◯이 되리라 하시니라(◯◯행전 ◯장 ◯절)

미션2 한 주 먼저 말씀 묵상하기

본문: 사도행전 2장 42-47절, 사도행전 1장 4-5절

[사도행전 2장]

42 그들이 사도의 가르침을 받아 서로 교제하고 떡을 떼며 오로지 기도하기를 힘쓰니라
43 사람마다 두려워하는데 사도들로 말미암아 기사와 표적이 많이 나타나니
44 믿는 사람이 다 함께 있어 모든 물건을 서로 통용하고
45 또 재산과 소유를 팔아 각 사람의 필요를 따라 나눠 주며
46 날마다 마음을 같이하여 성전에 모이기를 힘쓰고 집에서 떡을 떼며 기쁨과 순전한 마음으로 음식을 먹고
47 하나님을 찬미하며 또 온 백성에게 칭송을 받으니 주께서 구원 받는 사람을 날마다 더하게 하시니라

[사도행전 1장]

4 사도와 함께 모이사 그들에게 분부하여 이르시되 예루살렘을 떠나지 말고 내게서 들은 바 아버지께서 약속하
신 것을 기다리라
5 요한은 물로 세례를 베풀었으나 너희는 몇 날이 못되어 성령으로 세례를 받으리라 하셨느니라

♥ 본문 말씀을 읽은 후, 내용을 묵상하며 적어보세요.

1. 믿는 사람들이 다 함께 있어 어떤 일을 했는지 밑줄을 그어 보세요.
(사도행전 2장 44-47절)

2. 예수님은 예루살렘을 떠나지 말고 약속하신 무엇을 기다리라고 하셨나요?
(사도행전 1장 4-5절)

미션3 이달의 나의 기도제목 쓰기

질문 있어요!

체크하기

복습앱 | 미션1 | 미션2 | 미션3

2과

교회가 해야 할 일은 무엇인가요?

사도행전 2장 42-47절

사도행전 1장 4-5절

성경이야기

Point 하나님 나라를 전파하는 교회는 하나가 되어 필요한 것을 나누어요.

오순절이 되었어요. 예수님의 말씀을 따라서 제자들은 예루살렘에 모였어요. 하나님은 모여 있던 사람들에게 약속하신 성령을 보내주셨어요. 그들이 성령의 충만함을 받았어요. 성령을 선물로 받은 사람들이 모였어요. 그들은 사도의 가르침을 받았어요. 물건을 서로 통용하고 서로 필요한 것을 나눠주었어요. 날마다 마음을 같이하여 성전에 모이기를 노력했어요. 하나 된 예루살렘교회는 하나님을 찬양하고 온 백성에게 칭찬을 받았어요. 그러자 구원받는 사람들이 더 많아졌어요. 하나님 나라가 전파되었어요. 교회는 하나님, 예수님 그리고 성령님 안에서 하나 된 하나님 나라 백성의 모임이에요. 하나님 나라를 전파하는 교회는 하나가 되어 필요한 것을 나눠요. 우리도 교회에 모이기를 힘쓰고 서로 나누어요.

미션1 요절 카드로 암송하고 빈칸 채우며 확인하기 (사도행전 2장 47절)

하나님을 ○○하며 또 온 ○○에게 ○○을 받으니

○께서 ○○ 받는 ○○을 날마다 ○○○ 하시니라

(○○행전 ○장 ○○절)

미션2 한 주 먼저 말씀 묵상하기

본문: 사도행전 3장 1-10절

1 제 구 시 기도 시간에 베드로와 요한이 성전에 올라갈새
2 나면서 못 걷게 된 이를 사람들이 메고 오니 이는 성전에 들어가는 사람들에게 구걸하기 위하여 날마다
미문이라는 성전 문에 두는 자라
3 그가 베드로와 요한이 성전에 들어가려 함을 보고 구걸하거늘
4 베드로가 요한과 더불어 주목하여 이르되 우리를 보라 하니
5 그가 그들에게서 무엇을 얻을까 하여 바라보거늘
6 베드로가 이르되 은과 금은 내게 없거니와 내게 있는 이것을 네게 주노니 나사렛 예수 그리스도의 이름으로
일어나 걸으라 하고
7 오른손을 잡아 일으키니 발과 발목이 곧 힘을 얻고
8 뛰어 서서 걸으며 그들과 함께 성전으로 들어가면서 걷기도 하고 뛰기도 하며 하나님을 찬송하니
9 모든 백성이 그 걷는 것과 하나님을 찬송함을 보고
10 그가 본래 성전 미문에 앉아 구걸하던 사람인 줄 알고 그에게 일어난 일로 인하여 심히 놀랍게 여기며 놀라니라

♥ 본문 말씀을 읽은 후, 내용을 묵상하며 적어보세요.

1. 나면서 못 걷게 된 사람은 은과 금이 아닌 무엇으로 고침을 받았나요?
(사도행전 3장 6절)

2. 사람들은 왜 심히 놀랍게 여기며 놀랐을까요? (사도행전 3장 9-10절)

미션3 하나 실천 계획

이번 주 하나님을 기쁘시게 해 드릴 수 있는 일을 적고 실천해요.

질문 있어요!

체크하기

복습앱 | 미션1 | 미션2 | 미션3

3과 하나님 나라는 어떻게 전파되나요?

사도행전 3장 1-10절

성경이야기

Point 하나님 나라는 예수님의 이름의 능력으로 전파돼요.

베드로와 요한이 기도하기 위해 성전에 올라갔어요. 성전 미문 앞에는 태어나면서부터 걷지 못하는 한 사람이 구걸하고 있었어요. 그 사람이 베드로와 요한을 보고 구걸했어요. 베드로는 "은과 금은 내게 없거니와 내게 있는 이것을 네게 주노니 나사렛 예수 그리스도의 이름으로 일어나 걸으라"라고 말하며 그의 오른손을 잡아 일으켰어요. 그 사람의 발과 발목에 힘이 생겼어요. 그는 베드로와 요한과 함께 성전으로 들어가면서 걷기도 하고 뛰기도 하면서 하나님을 찬송했어요. 그러자 모든 백성이 그 사람을 보고 심히 놀랍게 여겼어요. 이처럼 예수님의 이름에는 놀라운 능력이 있어요. 하나님 나라는 예수님의 이름의 능력으로 전파돼요. 우리도 예수님의 이름을 힘입어 이웃을 섬기고 사랑해요.

미션1 요절 카드로 암송하고 빈칸 채우며 확인하기 (사도행전 3장 6절)

◯◯◯가 이르되 ◯과 ◯은 내게 없거니와 내게 있는 ◯◯을 네게 ◯◯니

나사렛 ◯◯ ◯◯◯◯의 ◯◯으로 일어나 ◯◯◯ 하고

(◯◯행전 ◯장 ◯절)

미션2 한 주 먼저 말씀 묵상하기

본문: 사도행전 6장 8-15절

8 스데반이 은혜와 권능이 충만하여 큰 기사와 표적을 민간에 행하니
9 이른 바 자유민들 즉 구레네인, 알렉산드리아인, 길리기아와 아시아에서 온 사람들의 회당에서 어떤 자들이 일
어나 스데반과 더불어 논쟁할새
10 스데반이 지혜와 성령으로 말함을 그들이 능히 당하지 못하여
11 사람들을 매수하여 말하게 하되 이 사람이 모세와 하나님을 모독하는 말을 하는 것을 우리가 들었노라 하게 하고
12 백성과 장로와 서기관들을 충동시켜 와서 잡아가지고 공회에 이르러
13 거짓 증인들을 세우니 이르되 이 사람이 이 거룩한 곳과 율법을 거슬러 말하기를 마지 아니하는도다
14 그의 말에 이 나사렛 예수가 이 곳을 헐고 또 모세가 우리에게 전하여 준 규례를 고치겠다 함을 우리가 들었노라
하거늘
15 공회 중에 앉은 사람들이 다 스데반을 주목하여 보니 그 얼굴이 천사의 얼굴과 같더라

♥ 본문 말씀을 읽은 후, 내용을 묵상하며 적어보세요.

1. 스데반이 말할 때 사람들이 능히 당하지 못한 이유는 무엇일까요? (사도행전 6장 10절)

2. 공회 중에 앉은 사람들이 스데반을 보았을 때 그 얼굴이 어떤 모습이었나요? (사도행전 6장 15절)

미션3 감사 제목 3가지 쓰기

1.

2.

3.

질문 있어요!

체크하기

복습앱	미션1	미션2	미션3

4과 하나님 나라를 전파할 때 무엇을 의지하나요?

사도행전 6장 8-15절

성경이야기

Point 지혜와 성령의 능력을 의지해 하나님 나라를 전파해요.

예루살렘교회는 성령과 지혜가 충만하여 칭찬받는 일곱 명을 집사로 세웠어요. 그중 스데반 집사는 은혜와 권능이 충만하여 큰 기적과 표적을 사람들 사이에서 행했어요. 스데반은 지혜와 성령으로 복음을 전했어요. 스데반은 복음을 전하다 공회에 잡혀 왔어요. 거짓 증인들이 스데반을 공격했어요. 하지만 스데반의 얼굴은 천사의 얼굴과 같았어요. 스데반은 지혜와 성령의 능력으로 계속 복음을 전했어요. 스데반이 어려움 속에서도 포기하지 않고 복음을 전할 수 있었던 이유는 성령님을 의지했기 때문이에요. 하나님 나라는 지혜와 성령의 능력으로 전파돼요. 우리도 지혜와 성령의 능력을 의지해 하나님 나라를 전파해요.

미션1 요절 카드로 암송하고 빈칸 채우며 확인하기 (사도행전 6장 10절)

○○○이 ○○와 ○○으로 말함을

○○이 능히 ○○지 못하여(○○행전 ○장 ○○절)

미션2 한 주 먼저 말씀 묵상하기

본문: 사도행전 8장 1-8절

1 사울은 그가 죽임 당함을 마땅히 여기더라 그 날에 예루살렘에 있는 교회에 큰 박해가 있어
사도 외에는 다 유대와 사마리아 모든 땅으로 흩어지니라
2 경건한 사람들이 스데반을 장사하고 위하여 크게 울더라
3 사울이 교회를 잔멸할새 각 집에 들어가 남녀를 끌어다가 옥에 넘기니라
4 그 흩어진 사람들이 두루 다니며 복음의 말씀을 전할새
5 빌립이 사마리아 성에 내려가 그리스도를 백성에게 전파하니
6 무리가 빌립의 말도 듣고 행하는 표적도 보고 한마음으로 그가 하는 말을 따르더라
7 많은 사람에게 붙었던 더러운 귀신들이 크게 소리를 지르며 나가고 또 많은 중풍병자와 못 걷는 사람이 나으니
8 그 성에 큰 기쁨이 있더라

♥ 본문 말씀을 읽은 후, 내용을 묵상하며 적어보세요.

1. 스데반의 순교 후 흩어진 사람들은 무엇을 했나요? (사도행전 8장 4절)

2. 빌립이 사마리아 성에 그리스도를 전파하자 어떤 일이 일어났나요? (사도행전 8장 7-8절)

미션3 단원 영상 보고 요약하기(가사 써보기)

1단원 영상

질문 있어요!

체크하기

복습앱 | 미션1 | 미션2 | 미션3

5과 하나님 나라는 어려움 속에서 어떻게 전파되나요?

사도행전 8장 1-8절

성경이야기

Point 하나님 나라는 어려움 속에서도 하나님의 말씀대로 전파돼요.

스데반이 복음을 전하다가 죽게 된 후 예루살렘교회는 큰 박해를 받았어요. 사울은 예수님을 믿는 사람이 있다면 어디든 찾아가서 붙잡아, 감옥에 가두었어요. 성도들은 박해를 피해 여기저기로 흩어졌어요. 하지만 흩어진 곳에서 두루 다니며 복음을 전했어요. 흩어진 사람 중에 빌립은 사마리아 성에 내려가서 그리스도를 전했고, 사람들은 복음을 받아들였어요. 많은 사람에게서 더러운 귀신이 나가고 중풍병자와 못 걷는 사람이 나았어요. 사마리아 성에 큰 기쁨이 넘쳤어요.

하나님 나라는 어려움 속에서도 하나님의 말씀대로 전파돼요. 우리도 어려운 상황에 있더라도 '있는 곳'에서 복음을 전해요.

미션1 요절 카드로 암송하고 빈칸 채우며 확인하기 (사도행전 8장 5절)

○○이 ○○○○ 성에 내려가
○○○○를 백성에게 ○○하니(○○행전 ○장 ○절)

미션2 한 주 먼저 말씀 묵상하기

본문: 사도행전 8장 26-40절

26 주의 사자가 빌립에게 말하여 이르되 일어나서 남쪽으로 향하여 예루살렘에서 가사로 내려가는 길까지 가라 하
니 그 길은 광야라 27 일어나 가서 보니 에디오피아 사람 곧 에디오피아 여왕 간다게의 모든 국고를 맡은 관리인 내
시가 예배하러 예루살렘에 왔다가 28 돌아가는데 수레를 타고 선지자 이사야의 글을 읽더라 29 성령이 빌립더러 이
르시되 이 수레로 가까이 나아가라 하시거늘 30 빌립이 달려가서 선지자 이사야의 글 읽는 것을 듣고 말하되 읽는
것을 깨닫느냐 31 대답하되 지도해 주는 사람이 없으니 어찌 깨달을 수 있느냐 하고 빌립을 청하여 수레에 올라 같
이 앉으라 하니라 32 읽는 성경 구절은 이것이니 일렀으되 그가 도살자에게로 가는 양과 같이 끌려갔고 털 깎는 자
앞에 있는 어린 양이 조용함과 같이 그의 입을 열지 아니하였도다 33 그가 굴욕을 당했을 때 공정한 재판도 받지 못
하였으니 누가 그의 세대를 말하리요 그의 생명이 땅에서 빼앗김이로다 하였거늘 34 그 내시가 빌립에게 말하되 청
컨대 내가 묻노니 선지자가 이 말한 것이 누구를 가리킴이냐 자기를 가리킴이냐 타인을 가리킴이냐 35 빌립이 입을
열어 이 글에서 시작하여 예수를 가르쳐 복음을 전하니 36 길 가다가 물 있는 곳에 이르러 그 내시가 말하되 보라 물
이 있으니 내가 세례를 받음에 무슨 거리낌이 있느냐 37 (없음) 38 이에 명하여 수레를 멈추고 빌립과 내시가 둘 다
물에 내려가 빌립이 세례를 베풀고 39 둘이 물에서 올라올새 주의 영이 빌립을 이끌어간지라 내시는 기쁘게 길을
가므로 그를 다시 보지 못하니라 40 빌립은 아소도에 나타나 여러 성을 지나 다니며 복음을 전하고 가이사랴에 이
르니라

♥ 본문 말씀을 읽은 후, 내용을 묵상하며 적어보세요.

1. 빌립과 에디오피아 내시를 만나게 한 분은 누구인가요? (사도행전 8장 26절, 29절)

2. 빌립은 에디오피아 내시가 읽고 있던 성경 구절의 '어린 양'이 누구를 가리킨다고 했나요? (사도행전 8장 35절)

미션3 이달의 나의 기도제목 쓰기

질문 있어요!

체크하기

복습앱	미션1	미션2	미션3

6과

사도행전 8장 26-40절

하나님은 누구를 만나게 하시나요?

성경이야기

Point 하나님은 복음이 필요한 사람을 만나게 하세요.

빌립이 사마리아 여러 마을에서 복음을 전했어요. 주의 사자가 빌립에게 나타나 예루살렘에서 가사로 내려가는 길로 가라고 했어요. 그 길은 광야예요. 빌립은 가는 길에 수레를 타고 가는 에디오피아 사람을 만났어요. 그는 예루살렘에 예배하러 왔다가 돌아가는 길이었어요.

에디오피아 사람은 성경을 읽고 있었지만, 그 뜻을 이해할 수 없었어요. 빌립은 에디오피아 사람에게 성경의 내용을 설명해 주었어요. 빌립은 이사야의 말씀에 나온 어린 양이 예수님이라는 사실을 알려주었어요. 에디오피아 사람은 복음을 듣고 예수님을 믿게 되었어요. 빌립은 그 사람에게 세례를 주었어요. 하나님의 나라는 만남을 통해 전파돼요. 하나님은 복음이 필요한 사람을 만나게 하세요. 우리도 하나님이 이끄시는 만남을 위해 기도하고 준비를 해요.

미션1 요절 카드로 암송하고 빈칸 채우며 확인하기 (사도행전 8장 29절)

◯◯이 ◯◯더러 이르시되

이 ◯◯로 가까이 ◯◯◯라 하시거늘(◯◯행전 ◯장 ◯◯절)

미션2 한 주 먼저 말씀 묵상하기

본문: 사도행전 9장 1-16절, 갈라디아서 1장 16절

[사도행전 9장]

1 사울이 주의 제자들에 대하여 여전히 위협과 살기가 등등하여 대제사장에게 가서 2 다메섹 여러 회당에 가져갈
공문을 청하니 이는 만일 그 도를 따르는 사람을 만나면 남녀를 막론하고 결박하여 예루살렘으로 잡아오려 함이
라 3 사울이 길을 가다가 다메섹에 가까이 이르더니 홀연히 하늘로부터 빛이 그를 둘러 비추는지라 4 땅에 엎드러
져 들으매 소리가 있어 이르시되 사울아 사울아 네가 어찌하여 나를 박해하느냐 하시거늘 5 대답하되 주여 누구시
니이까 이르시되 나는 네가 박해하는 예수라 6 너는 일어나 시내로 들어가라 네가 행할 것을 네게 이를 자가 있느
니라 하시니 7 같이 가던 사람들은 소리만 듣고 아무도 보지 못하여 말을 못하고 서 있더라 8 사울이 땅에서 일어나
눈은 떴으나 아무 것도 보지 못하고 사람의 손에 끌려 다메섹으로 들어가서 9 사흘 동안 보지 못하고 먹지도 마시
지도 아니하니라 10 그 때에 다메섹에 아나니아라 하는 제자가 있더니 주께서 환상 중에 불러 이르시되 아나니아야
하시거늘 대답하되 주여 내가 여기 있나이다 하니 11 주께서 이르시되 일어나 직가라 하는 거리로 가서 유다의 집
에서 다소 사람 사울이라 하는 사람을 찾으라 그가 기도하는 중이니라 12 그가 아나니아라 하는 사람이 들어와서
자기에게 안수하여 다시 보게 하는 것을 보았느니라 하시거늘 13 아나니아가 대답하되 주여 이 사람에 대하여 내가
여러 사람에게 듣사온즉 그가 예루살렘에서 주의 성도에게 적지 않은 해를 끼쳤다 하더니 14 여기서도 주의 이름을
부르는 모든 사람을 결박할 권한을 대제사장들에게서 받았나이다 하거늘 15 주께서 이르시되 가라 이 사람은 내 이
름을 이방인과 임금들과 이스라엘 자손들에게 전하기 위하여 택한 나의 그릇이라 16 그가 내 이름을 위하여 얼마나
고난을 받아야 할 것을 내가 그에게 보이리라 하시니

[갈라디아서 1장]

16 그의 아들을 이방에 전하기 위하여 그를 내 속에 나타내시기를 기뻐하셨을 때에 내가 곧 혈육과 의논하지 아니하고

♥ 본문 말씀을 읽은 후 내용을 묵상하며 적어 보세요.

1. 사울이 대제사장에게 가서 받은 공문의 내용은 무엇인가요? (사도행전 9장 2절)

2. 사울은 무엇을 위해 택한 예수님의 그릇인가요? (사도행전 9장 15절)

미션3 하나 실천 계획

이번 주 하나님을 기쁘시게 해 드릴 수 있는 일을 적고 실천해요.

질문 있어요!

체크하기

복습앱	미션1	미션2	미션3

7과 하나님 나라는 누구를 통해 전파되나요?

사도행전 9장 1-16절
갈라디아서 1장 16절

성경이야기

Point 하나님 나라는 부활하신 예수님을 만나 부르심을 받은 사람을 통해 전파돼요.

사울은 예수님을 믿는 사람들을 잡기 위해 대제사장에게 공문을 청하고, 다메섹으로 갔어요. 사울은 다메섹으로 가던 중에 갑자기 하늘에서 밝은 빛과 함께 '왜 나를 박해하느냐?'고 말씀하시는 부활하신 예수님을 만나게 되었어요. 그 후 사울은 사흘 동안 보지 못하고 먹지도 마시지도 않았어요. 그때 주께서 다메섹에 있는 아나니아에게 사울에 대해 다음과 같이 말씀해 주셨어요. "이 사람은 내 이름을 이방인과 임금들과 이스라엘 자손들에게 전하기 위하여 택한 나의 그릇이라" 예수님의 말씀을 들은 아나니아는 사울을 찾아가 기도해주었어요. 사울은 눈에서 비늘 같은 것이 벗어져 다시 보게 되었고, 세례를 받았어요. 사울은 열심히 복음을 전하는 사람으로 변화되었고, 예수님을 믿는 사람들의 수가 점점 늘어났어요. 하나님 나라는 부활하신 예수님을 만나 부르심을 받은 사람을 통해 전파돼요. 우리도 하나님 나라 전파를 위해 부르심을 받았다는 것을 알아야 해요.

요절챈트♪

미션1 요절 카드로 암송하고 빈칸 채우며 확인하기 (사도행전 9장 15절 하반절)

이 ○○은 내 ○○을 ○○○과 ○○들과
○○○○ 자손들에게 ○○기 위하여
택한 ○○ ○○이라 (○○행전 ○장 ○○절 하반절)

미션2 한 주 먼저 말씀 묵상하기

본문: 사도행전 10장 30-35, 44-48절

30 고넬료가 이르되 내가 나흘 전 이맘때까지 내 집에서 제 구 시 기도를 하는데 갑자기 한 사람이 빛난 옷을 입고
내 앞에 서서 31 말하되 고넬료야 하나님이 네 기도를 들으시고 네 구제를 기억하셨으니 32 사람을 욥바에 보내어
베드로라 하는 시몬을 청하라 그가 바닷가 무두장이 시몬의 집에 유숙하느니라 하시기로 33 내가 곧 당신에게 사람
을 보내었는데 오셨으니 잘하였나이다 이제 우리는 주께서 당신에게 명하신 모든 것을 듣고자 하여 다 하나님 앞
에 있나이다 34 베드로가 입을 열어 말하되 내가 참으로 하나님은 사람의 외모를 보지 아니하시고 35 각 나라 중 하
나님을 경외하며 의를 행하는 사람은 다 받으시는 줄 깨달았도다

44 베드로가 이 말을 할 때에 성령이 말씀 듣는 모든 사람에게 내려오시니 45 베드로와 함께 온 할례 받은 신자들이
이방인들에게도 성령 부어 주심으로 말미암아 놀라니 46 이는 방언을 말하며 하나님 높임을 들음이러라 47 이에 베
드로가 이르되 이 사람들이 우리와 같이 성령을 받았으니 누가 능히 물로 세례 베풂을 금하리요 하고 48 명하여 예
수 그리스도의 이름으로 세례를 베풀라 하니라 그들이 베드로에게 며칠 더 머물기를 청하니라

♥ 본문 말씀을 읽은 후, 내용을 묵상하며 적어보세요.

1. 고넬료가 사람을 욥바로 보내어 시몬 베드로를 초청한 이유는 무엇인가요? (사도행전 10장 33절)

2. 베드로와 함께 왔던 할례 받은 신자들은 무엇 때문에 놀랐나요?(사도행전 10장 45-46절)

미션3 감사 제목 3가지 쓰기

1.

2.

3.

질문 있어요!

체크하기

복습앱 | 미션1 | 미션2 | 미션3

8과 하나님 나라는 누구의 인도하심으로 전파되나요?

사도행전 10장
30-35, 44-48절

성경이야기

Point 하나님 나라는 성령의 인도하심으로 전파돼요.

로마 군인이었던 고넬료는 하나님을 사랑하며 열심히 기도하고 이웃을 섬기는 사람이었어요. 고넬료가 기도할 때 갑자기 한 사람이 빛난 옷을 입고 나타나서 베드로를 집으로 초대하라고 했어요. 고넬료는 자신의 집에 온 베드로에게 "이제 우리는 주께서 당신에게 명하신 모든 것을 듣고자 하여 하나님 앞에 있습니다."라고 말했어요. 베드로는 하나님이 사람을 외모로 보지 않고, 각 나라 중 하나님을 경외하는 사람은 다 받으신다는 것을 깨달았어요. 그리고 베드로는 이방인 고넬료 집에 모인 사람들에게 복음을 전했어요. 베드로가 복음을 전할 때 성령이 말씀을 듣는 모든 사람에게 임하셨어요. 베드로와 함께 온 신자들은 이방인들에게 성령이 임하는 것을 보고 놀랐어요. 베드로는 하나님이 이방인을 차별하지 않으심으로 이방인도 성령을 받을 수 있다는 것을 알았어요. 베드로는 고넬료 가족에게 예수 그리스도의 이름으로 세례를 베풀었어요. 하나님 나라는 우리의 생각을 넘어 성령의 인도하심으로 전파돼요. 우리도 내 생각을 내려놓고 성령의 인도하심을 따라가요.

미션1 요절 카드로 암송하고 빈칸 채우며 확인하기 (사도행전 10장 47절)

이에 ○○○가 이르되 이 ○○○이 ○○와 같이 ○○을 받았으니
누가 능히 ○로 ○○ 베풂을 ○○리요 하고
(○○행전 ○○장 ○○절)

미션2 한 주 먼저 말씀 묵상하기

본문: 사도행전 11장 19-26절

19 그 때에 스데반의 일로 일어난 환난으로 말미암아 흩어진 자들이 베니게와 구브로와 안디옥까지 이르러
유대인에게만 말씀을 전하는데
20 그 중에 구브로와 구레네 몇 사람이 안디옥에 이르러 헬라인에게도 말하여 주 예수를 전파하니
21 주의 손이 그들과 함께 하시매 수많은 사람들이 믿고 주께 돌아오더라
22 예루살렘 교회가 이 사람들의 소문을 듣고 바나바를 안디옥까지 보내니
23 그가 이르러 하나님의 은혜를 보고 기뻐하여 모든 사람에게 굳건한 마음으로 주와 함께 머물러 있으라 권하니
24 바나바는 착한 사람이요 성령과 믿음이 충만한 사람이라 이에 큰 무리가 주께 더하여지더라
25 바나바가 사울을 찾으러 다소에 가서
26 만나매 안디옥에 데리고 와서 둘이 교회에 일 년간 모여 있어 큰 무리를 가르쳤고 제자들이 안디옥에서
비로소 그리스도인이라 일컬음을 받게 되었더라

♥ 본문 말씀을 읽은 후, 내용을 묵상하며 적어보세요.

1. 안디옥의 헬라인에게 주 예수가 전파되었을 때 어떤 일이 일어났나요? (사도행전 11장 21절)

2. 바나바는 어떤 사람인가요? (사도행전 11장 24절)

미션3 단원 영상 보고 요약하기(가사 써보기)

2단원 영상

질문 있어요!

체크하기

복습앱 미션1 미션2 미션3

9과 교회는 서로 어떻게 도와야 하나요?

사도행전 11장 19-26절

성경이야기

Point 교회는 하나님 나라의 전파를 위해 서로 도와요.

스데반의 순교 후에 예루살렘교회에 많은 핍박이 있었어요. 믿는 사람들은 각 지역으로 흩어져서 복음을 전하게 되었어요. 특별히 안디옥에서는 유대인이 아닌 이방 사람들에게도 복음이 전해졌고, 많은 사람이 예수님을 믿게 되었어요. 예루살렘교회는 이 소식을 듣고 기뻐하며 바나바를 안디옥까지 보냈어요. 바나바는 안디옥에서 말씀을 전했어요. 그리고 바나바는 다소에 가서 사울을 안디옥으로 데려왔어요. 둘이 함께 안디옥교회에서 말씀을 가르쳤어요. 바나바와 바울은 안디옥교회를 견고하게 세웠어요. 그리고 안디옥에서 성도들이 처음으로 '그리스도인'으로 불렸어요. 하나님 나라는 교회가 또 다른 교회를 도움으로 전파돼요. 교회는 하나님 나라의 전파를 위해 서로 도와요. 우리도 서로 힘을 합해 교회를 돕고 섬겨요.

미션1 요절 카드로 암송하고 빈칸 채우며 확인하기 (사도행전 11장 26절)

만나매 ○○○에 데리고 와서 ○이 ○○에 일 년간 ○○ 있어
○○○를 가르쳤고 ○○○이 ○○○에서 비로소 ○○○○○이라
○○○을 받게 되었더라 (○○행전 ○○장 ○○절)

미션2 한 주 먼저 말씀 묵상하기

본문: 사도행전 16장 6-10절

6 성령이 아시아에서 말씀을 전하지 못하게 하시거늘 그들이 브루기아와 갈라디아 땅으로 다녀가
7 무시아 앞에 이르러 비두니아로 가고자 애쓰되 예수의 영이 허락하지 아니하시는지라
8 무시아를 지나 드로아로 내려갔는데
9 밤에 환상이 바울에게 보이니 마게도냐 사람 하나가 서서 그에게 청하여 이르되 마게도냐로 건너와서
우리를 도우라 하거늘
10 바울이 그 환상을 보았을 때 우리가 곧 마게도냐로 떠나기를 힘쓰니 이는 하나님이 저 사람들에게 복음을
전하라고 우리를 부르신 줄로 인정함이러라

♥ 본문 말씀을 읽은 후, 내용을 묵상하며 적어보세요.

1. 바울은 환상 중에 무엇을 보았나요? (사도행전 11장 9절)

2. 환상을 본 바울은 왜 곧 마게도냐로 떠나기를 힘썼나요? (사도행전 11장 10절)

미션3 이달의 나의 기도제목 쓰기

질문 있어요!

체크하기

복습앱	미션1	미션2	미션3

10과

사도행전 16장 6-10절

하나님은 우리를 어디로 인도하시나요?

성경이야기

Point 하나님은 복음이 필요한 곳으로 우리를 인도하세요.

바울은 비두니아로 가서 복음을 전하려고 했어요. 그러나 성령님은 바울이 비두니아로 가는 것을 허락하지 않으셨어요. 그 후 바울은 마게도냐 사람이 그곳으로 건너와 자신들을 도와달라고 말하는 환상을 보게 되었어요. 바울은 이 환상을 통해 하나님이 마게도냐로 가서 복음을 전하라고 하신 것을 깨달았어요.

바울은 자신의 계획은 내려놓고 하나님의 계획에 순종하며 마게도냐로 가서 복음을 전했어요. 하나님은 복음이 필요한 곳으로 우리를 인도하세요.

미션1 요절 카드로 암송하고 빈칸 채우며 확인하기 (사도행전 16장 10절)

○○이 그 ○○을 보았을 때 ○○가 곧 ○○○○로 떠나기를 ○○니

이는 ○○○이 저 ○○○에게 ○○을 전하라고

우리를 ○○○ 줄로 ○○함이러라 (○○행전 ○○장 ○○절)

미션2 한 주 먼저 말씀 묵상하기

본문: 사도행전 16장 25-34절

25 한밤중에 바울과 실라가 기도하고 하나님을 찬송하매 죄수들이 듣더라
26 이에 갑자기 큰 지진이 나서 옥터가 움직이고 문이 곧 다 열리며 모든 사람의 매인 것이 다 벗어진지라
27 간수가 자다가 깨어 옥문들이 열린 것을 보고 죄수들이 도망한 줄 생각하고 칼을 빼어 자결하려 하거늘
28 바울이 크게 소리 질러 이르되 네 몸을 상하지 말라 우리가 다 여기 있노라 하니
28 간수가 등불을 달라고 하며 뛰어 들어가 무서워 떨며 바울과 실라 앞에 엎드리고
30 그들을 데리고 나가 이르되 선생들이여 내가 어떻게 하여야 구원을 받으리이까 하거늘
31 이르되 주 예수를 믿으라 그리하면 너와 네 집이 구원을 받으리라 하고
32 주의 말씀을 그 사람과 그 집에 있는 모든 사람에게 전하더라
33 그 밤 그 시각에 간수가 그들을 데려다가 그 맞은 자리를 씻어 주고 자기와 그 온 가족이 다 세례를 받은 후
34 그들을 데리고 자기 집에 올라가서 음식을 차려 주고 그와 온 집안이 하나님을 믿으므로 크게 기뻐하니라

♥ 본문 말씀을 읽은 후, 내용을 묵상하며 적어보세요.

1. 바울과 실라가 기도하고 하나님을 찬송할 때 어떤 일이 일어났나요? (사도행전 16장 26절)

2. 간수는 온 가족이 다 세례를 받은 후 무엇을 했나요? (사도행전 16장 34절)

미션3 하나 실천 계획

이번 주 하나님을 기쁘시게 해 드릴 수 있는 일을 적고 실천해요.

질문 있어요!

체크하기

복습앱	미션1	미션2	미션3

11과 어려움이 찾아올 때 어떻게 해야 하나요?

사도행전 16장 25-34절

Point 어려움 속에서도 찬송과 기도로 복음을 전해요.

성경이야기

바울과 실라는 하나님의 뜻을 따라 마게도냐 지방의 빌립보에 도착했어요. 바울과 실라는 복음을 전하다 잡혔어요. 바울과 실라는 많이 맞고 깊은 감옥에 갇혔어요. 그러나 한밤중에 바울과 실라는 기도하고 하나님을 찬양했어요. 그곳의 모두 죄수들이 기도와 찬양을 들었어요. 갑자기 큰 지진이 나서 옥문이 다 열리고 묶인 것이 풀렸어요. 감옥을 지키던 간수가 자다가 깨어 죄수들이 도망간 줄 알고 죽으려고 했어요. 바울이 소리를 질러 "네 몸을 상하지 말라 우리가 다 여기 있노라"라고 말했어요. 바울과 실라가 간수에게 "주 예수를 믿으라 그리하면 너와 네 집이 구원을 받으리라"라고 복음을 전했어요. 간수와 그의 온 가족이 세례를 받고 하나님을 믿었어요. 하나님의 나라는 어려움 속에서도 전파돼요. 우리는 어려움 속에서도 찬송과 기도로 복음을 전해요.

미션1 요절 카드로 암송하고 빈칸 채우며 확인하기 (사도행전 16장 25절)

◯◯◯에 ◯◯과 ◯◯가 기도하고 ◯◯◯을 ◯◯하매
◯◯◯이 듣더라 (◯◯행전 ◯◯장 ◯◯절)

미션2 한 주 먼저 말씀 묵상하기

본문: 사도행전 28장 23-31절

23 그들이 날짜를 정하고 그가 유숙하는 집에 많이 오니 바울이 아침부터 저녁까지 강론하여
하나님의 나라를 증언하고 모세의 율법과 선지자의 말을 가지고 예수에 대하여 권하더라
24 그 말을 믿는 사람도 있고 믿지 아니하는 사람도 있어
25 서로 맞지 아니하여 흩어질 때에 바울이 한 말로 이르되 성령이 선지자 이사야를 통하여
너희 조상들에게 말씀하신 것이 옳도다
26 일렀으되 이 백성에게 가서 말하기를 너희가 듣기는 들어도 도무지 깨닫지 못하며
보기는 보아도 도무지 알지 못하는도다
27 이 백성들의 마음이 우둔하여져서 그 귀로는 둔하게 듣고 그 눈은 감았으니 이는
눈으로 보고 귀로 듣고 마음으로 깨달아 돌아오면 내가 고쳐 줄까 함이라 하였으니
28 그런즉 하나님의 이 구원이 이방인에게로 보내어진 줄 알라 그들은 그것을 들으리라 하더라
29 (없음)
30 바울이 온 이태를 자기 셋집에 머물면서 자기에게 오는 사람을 다 영접하고
31 하나님의 나라를 전파하며 주 예수 그리스도에 관한 모든 것을 담대하게 거침없이 가르치더라

♥ 본문 말씀을 읽은 후, 내용을 묵상하며 적어보세요.

1. 바울이 자기에게 찾아온 유대인들에게 하나님의 나라를 전할 때 사람들은 어떻게 반응했나요? (사도행전 28장 24절)

2. 바울은 자기 셋집에 머물면서 무엇을 했나요? (사도행전 28장 30-31절)

미션3 감사 제목 3가지 쓰기

1.

2.

3.

질문 있어요!

체크하기

복습앱 | 미션1 | 미션2 | 미션3

12과 하나님 나라는 어디까지 전파돼야 할까요?

사도행전 28장 23-31절

Point 하나님 나라는 우리를 통해 땅끝까지 전파돼요.

성경이야기

바울이 예루살렘교회를 위한 헌금을 전달하기 위해 예루살렘에 왔을 때였어요. 바울은 자신을 미워하던 유대인들로 인해 억울하게 붙들려, 결국 로마 황제에게 재판을 받기 위해 로마에 보내졌어요. 바울은 죄수의 신분으로 자신이 머무는 집에서 나갈 수도 없는 힘든 상황이었어요. 하지만 바울은 아침부터 저녁까지 자기를 찾아온 사람들에게 복음을 전하는 일을 쉬지 않았어요.

바울은 하나님이 주신 사명을 따라 하나님의 나라를 전파하며 주 예수 그리스도에 관한 모든 것을 담대하게 거침없이 가르쳤어요. 하나님 나라는 예수 증인을 통해 땅끝까지 전파돼요. 우리는 예수님의 증인이에요. 증인인 우리는 언제 어디서나 땅끝까지 복음을 전해요.

요절챈트♪

미션1 요절 카드로 암송하고 빈칸 채우며 확인하기 (사도행전 28장 31절)

○○○의 ○○를 ○○하며 주 ○○ ○○○○에 관한 ○○ 것을
○○하게 ○○없이 ○○○더라(○○행전 ○○장 ○○절)

미션2 한 주 먼저 말씀 묵상하기

본문: 로마서 1장 8-17절

8 먼저 내가 예수 그리스도로 말미암아 너희 모든 사람에 관하여 내 하나님께 감사함은
너희 믿음이 온 세상에 전파됨이로다
9 내가 그의 아들의 복음 안에서 내 심령으로 섬기는 하나님이 나의 증인이 되시거니와
항상 내 기도에 쉬지 않고 너희를 말하며
10 어떻게 하든지 이제 하나님의 뜻 안에서 너희에게로 나아갈 좋은 길 얻기를 구하노라
11 내가 너희 보기를 간절히 원하는 것은 어떤 신령한 은사를 너희에게 나누어 주어 너희를 견고하게 하려 함이니
12 이는 곧 내가 너희 가운데서 너희와 나의 믿음으로 말미암아 피차 안위함을 얻으려 함이라
13 형제들아 내가 여러 번 너희에게 가고자 한 것을 너희가 모르기를 원하지 아니하노니 이는
너희 중에서도 다른 이방인 중에서와 같이 열매를 맺게 하려 함이로되 지금까지 길이 막혔도다
14 헬라인이나 야만인이나 지혜 있는 자나 어리석은 자에게 다 내가 빚진 자라
15 그러므로 나는 할 수 있는 대로 로마에 있는 너희에게도 복음 전하기를 원하노라
16 내가 복음을 부끄러워하지 아니하노니 이 복음은 모든 믿는 자에게 구원을 주시는
하나님의 능력이 됨이라 먼저는 유대인에게요 그리고 헬라인에게로다
17 복음에는 하나님의 의가 나타나서 믿음으로 믿음에 이르게 하나니 기록된 바
오직 의인은 믿음으로 말미암아 살리라 함과 같으니라

♥ 본문 말씀을 읽은 후, 내용을 묵상하며 적어보세요.

1. 바울은 왜 로마교회 성도 보기를 간절히 원한다고 했나요? (로마서 1장 11절)

2. 바울은 왜 복음을 부끄러워하지 않는다고 하나요? (로마서 1장 16절)

미션3 단원 영상 보고 요약하기(가사 써보기)

3단원 영상

질문 있어요!

체크하기

복습앱 | 미션1 | 미션2 | 미션3

13과 복음은 무엇인가요?

로마서 1장 8-17절

Point 복음은 모든 믿는 자에게 구원을 주시는 하나님의 능력이에요.

성경이야기

바울은 선교여행 중에 로마교회에 편지를 썼어요. 바울은 이방인에게 복음을 전하기 위해 하나님께서 자신을 부르신 것을 알았어요. 그래서 바울은 자신이 이방인에게 빚을 졌다고 생각했어요. 그 빚을 갚기 위해 로마에 복음을 전하려고 최선을 다했어요.

바울은 복음을 부끄러워하지 않았어요. 왜냐하면, 복음은 모든 믿는 자에게 구원을 주시는 하나님의 능력이기 때문이에요. 복음은 유대인과 이방인 모두에게 구원을 주시는 하나님의 능력이에요. 복음은 차별이 없어요. 그래서 바울은 복음을 자랑하는 삶을 살았어요. 바울은 로마에 보낸 편지를 통해 능력의 복음을 알려주었어요. 우리도 복음을 부끄러워하지 않고 자랑하는 마음을 가져요.

미션1 요절 카드로 암송하고 빈칸 채우며 확인하기 (로마서 1장 16절)

요절챈트♪

내가 ○○을 ○○○○하지 아니하노니 이 ○○은 모든 ○○ ○에게
○○을 주시는 ○○○의 ○○이 됨이라
먼저는 ○○○에게요 그리고 ○○○에게로다 (○○서 ○장 ○○절)

미션2 한 주 먼저 말씀 묵상하기

본문: 로마서 6장 1-11절

1 그런즉 우리가 무슨 말을 하리요 은혜를 더하게 하려고 죄에 거하겠느냐 2 그럴 수 없느니라 죄에 대하여 죽은 우리
가 어찌 그 가운데 더 살리요 3 무릇 그리스도 예수와 합하여 세례를 받은 우리는 그의 죽으심과 합하여 세례를 받은
줄을 알지 못하느냐 4 그러므로 우리가 그의 죽으심과 합하여 세례를 받음으로 그와 함께 장사되었나니 이는 아버지
의 영광으로 말미암아 그리스도를 죽은 자 가운데서 살리심과 같이 우리로 또한 새 생명 가운데서 행하게 하려 함이
라 5 만일 우리가 그의 죽으심과 같은 모양으로 연합한 자가 되었으면 또한 그의 부활과 같은 모양으로 연합한 자도
되리라 6 우리가 알거니와 우리의 옛 사람이 예수와 함께 십자가에 못 박힌 것은 죄의 몸이 죽어 다시는 우리가 죄에
게 종 노릇 하지 아니하려 함이니 7 이는 죽은 자가 죄에서 벗어나 의롭다 하심을 얻었음이라 8 만일 우리가 그리스도
와 함께 죽었으면 또한 그와 함께 살 줄을 믿노니 9 이는 그리스도께서 죽은 자 가운데서 살아나셨으매 다시 죽지 아
니하시고 사망이 다시 그를 주장하지 못할 줄을 앎이로라 10 그가 죽으심은 죄에 대하여 단번에 죽으심이요 그가 살
아 계심은 하나님께 대하여 살아 계심이니 11 이와 같이 너희도 너희 자신을 죄에 대하여는 죽은 자요 그리스도 예수
안에서 하나님께 대하여는 살아 있는 자로 여길지어다

♥ 본문 말씀을 읽은 후, 내용을 묵상하며 적어보세요.

1. 우리의 옛사람이 예수와 함께 십자가에 못 박힌 것은 무엇 때문인가요? (로마서 6장 6절)

2. 우리는 우리 자신을 죄와 하나님께 대하여 각각 어떻게 여기라고 하나요? (로마서 6장 11절)

미션3 이달의 나의 기도제목 쓰기

질문 있어요!

체크하기

복습앱	미션1	미션2	미션3

14과 복음을 믿는 사람은 어떤 사람인가요?

로마서 6장 1-11절

성경이야기

Point 복음을 믿는 사람은 예수님과 함께 죄에 대하여 죽고 하나님께 대하여 살아 있어요.

예수님을 믿기 전 우리는 모두 죄 가운데 살았어요. 죄를 지어도 잘못된 것인지도 모르며 살았어요. 그것을 죄에게 종노릇 한다고 말해요.
하지만 예수님을 믿고 난 후 우리는 완전히 달라졌어요. 왜냐하면 우리가 예수님과 하나가 되었기 때문이에요. 우리의 옛사람이 예수님과 함께 십자가에서 못 박혔어요. 이제 더 이상 우리가 죄에게 종노릇 하지 않아요. 그래서 이제 우리는 죄를 이길 수 있어요.
또한 우리는 예수님과 함께 다시 살아났어요. 그래서 이제는 하나님 나라를 위해 살 수 있어요. 우리는 이 사실을 늘 생각해야 해요.
복음을 믿는 자는 예수님과 함께 죄에 대하여는 죽고 하나님께 대하여 살아 있어요. 이제 우리는 예수님 안에서 죄의 공격을 예수님의 능력으로 이겨요.

미션1 요절 카드로 암송하고 빈칸 채우며 확인하기 (로마서 6장 11절)

이와 같이 ○○도 너희 ○○을 ○에 대하여는 ○○○요
그리스도 ○○ 안에서 ○○○께 대하여는
○○○○ 자로 ○○지어다 (○○서 ○장 ○○절)

미션2 한 주 먼저 말씀 묵상하기

본문: 로마서 8장 1-11절

[1] 그러므로 이제 그리스도 예수 안에 있는 자에게는 결코 정죄함이 없나니 [2] 이는 그리스도 예수 안에 있는 생명의
성령의 법이 죄와 사망의 법에서 너를 해방하였음이라 [3] 율법이 육신으로 말미암아 연약하여 할 수 없는 그것을
하나님은 하시나니 곧 죄로 말미암아 자기 아들을 죄 있는 육신의 모양으로 보내어 육신에 죄를 정하사 [4] 육신을
따르지 않고 그 영을 따라 행하는 우리에게 율법의 요구가 이루어지게 하려 하심이니라 [5] 육신을 따르는 자는 육
신의 일을, 영을 따르는 자는 영의 일을 생각하나니 [6] 육신의 생각은 사망이요 영의 생각은 생명과 평안이니라 [7]
육신의 생각은 하나님과 원수가 되나니 이는 하나님의 법에 굴복하지 아니할 뿐 아니라 할 수도 없음이라 [8] 육신
에 있는 자들은 하나님을 기쁘시게 할 수 없느니라 [9] 만일 너희 속에 하나님의 영이 거하시면 너희가 육신에 있지
아니하고 영에 있나니 누구든지 그리스도의 영이 없으면 그리스도의 사람이 아니라 [10] 또 그리스도께서 너희 안
에 계시면 몸은 죄로 말미암아 죽은 것이나 영은 의로 말미암아 살아 있는 것이니라 [11] 예수를 죽은 자 가운데서
살리신 이의 영이 너희 안에 거하시면 그리스도 예수를 죽은 자 가운데서 살리신 이가 너희 안에 거하시는 그의
영으로 말미암아 너희 죽을 몸도 살리시리라

♥ 본문 말씀을 읽은 후, 내용을 묵상하며 적어보세요.

1. 예수 안에 있는 사람은 왜 정죄함이 없나요? (로마서 8장 1-2절)

2. 육신의 생각은 사망이지만 영의 생각은 무엇인가요? (로마서 8장 6절)

미션3 하나 실천 계획

이번 주 하나님을 기쁘시게 해 드릴 수 있는 일을 적고 실천해요.

질문 있어요!

체크하기

복습앱	미션1	미션2	미션3

복음을 믿는 사람은 무엇을 따르나요?

15과

로마서 8장 1-11절

성경이야기

Point 복음을 믿는 사람은 성령을 따라 살아요.

예수님이 십자가에서 우리의 모든 죄를 대신하여 죽으셨어요. 그래서 하나님은 성령의 능력으로 우리를 죄와 사망에서 해방시켜주셨어요.
예수님을 믿지 않는 사람은 '육신을 따르는 자'라고 해요. 육신을 따라 사는 자는 육신의 일을 생각해요. 육신의 생각은 사망이고, 하나님과 원수가 되게 하고, 하나님을 기쁘시게 할 수 없어요. 그 속에 성령님이 계시지 않기 때문이에요.
예수님을 믿는 사람은 '영을 따르는 자'라고 해요.
성령님이 그 사람 안에 계세요. 영의 일을 생각해요. 영의 생각은 생명과 평안이에요. 예수님이 나를 위해 하신 일을 생각하고, 예수님을 닮은 말과 행동을 해요.
복음을 믿는 자는 성령을 따라 살아요. 우리도 성령님의 인도를 받아 하나님이 기뻐하시는 영의 생각을 하도록 해요.

미션1 요절 카드로 암송하고 빈칸 채우며 확인하기 (로마서 8장 2절)

이는 ○○○○○○ 안에 있는 ○○의 ○○의 법이
○와 ○○의 법에서 너를 ○○○○○이라 (○○서 ○장 ○절)

미션2 한 주 먼저 말씀 묵상하기

본문: 로마서 12장 1-2, 14-21절

1 그러므로 형제들아 내가 하나님의 모든 자비하심으로 너희를 권하노니 너희 몸을 하나님이 기뻐하시는
거룩한 산 제물로 드리라 이는 너희가 드릴 영적 예배니라
2 너희는 이 세대를 본받지 말고 오직 마음을 새롭게 함으로 변화를 받아 하나님의 선하시고 기뻐하시고
온전하신 뜻이 무엇인지 분별하도록 하라

14 너희를 박해하는 자를 축복하라 축복하고 저주하지 말라
15 즐거워하는 자들과 함께 즐거워하고 우는 자들과 함께 울라
16 서로 마음을 같이하며 높은 데 마음을 두지 말고 도리어 낮은 데 처하며 스스로 지혜 있는 체 하지 말라
17 아무에게도 악을 악으로 갚지 말고 모든 사람 앞에서 선한 일을 도모하라
18 할 수 있거든 너희로서는 모든 사람과 더불어 화목하라
19 내 사랑하는 자들아 너희가 친히 원수를 갚지 말고 하나님의 진노하심에 맡기라 기록되었으되
원수 갚는 것이 내게 있으니 내가 갚으리라고 주께서 말씀하시니라
20 네 원수가 주리거든 먹이고 목마르거든 마시게 하라 그리함으로 네가 숯불을 그 머리에 쌓아 놓으리라
21 악에게 지지 말고 선으로 악을 이기라

♥ 본문 말씀을 읽은 후 내용을 묵상하며 적어 보세요.

1. 빈칸에 알맞은 단어를 써보세요. (로마서 12장 2절)

너희는 이 세대를 본받지 말고 오직 (   ) 함으로 (   ) 하나님의 선하시고 기뻐하시고 온전하신 뜻이 무엇인지 (   ) 하라

2. 악에게 지지 말고 무엇으로 이겨야 하나요? (로마서 12장 21절)

미션3 감사 제목 3가지 쓰기

1.

2.

3.

질문 있어요!

체크하기

복습앱	미션1	미션2	미션3

16과

복음을 믿는 사람은 어떻게 살아야 하나요?

로마서 12장
1-2, 14-21절

성경이야기

Point 복음을 믿는 사람은 하나님의 선하시고 기뻐하시고 온전하신 뜻대로 살아요.

바울은 복음을 믿고 구원받은 사람이 어떻게 살아야 하는지 알려줬어요. "너희 몸을 하나님 이 기뻐하시는 거룩한 산 제물로 드리라"라고 했어요. 자신을 거룩하게 구별하여 하나님께 드리는 거예요. 이것은 온 마음과 몸으로 하나님을 예배하라는 뜻이에요. 이것이 우리가 드리는 마땅한 예배예요. 또 바울은 이 세대를 본받지 말라고 했어요. 오직 마음을 새롭게 함으로 변화를 받아 하나님의 뜻이 무엇인지 분별하라고 했어요. 이웃과의 관계에서는 이웃을 축복하고, 모든 사람과 더불어 화목하고, 악에게 지지 말고 선으로 악을 이기라고 했어요.

복음을 믿는 자는 하나님의 선하시고 기뻐하시고 온전하신 뜻대로 살아요. 우리도 모든 생활 속에서 하나님의 뜻대로 삶의 예배를 드리며 살아요.

미션1 요절 카드로 암송하고 빈칸 채우며 확인하기 (로마서 12장 2절)

◯◯는 이 ◯◯를 ◯◯지 말고 오직 ◯◯을 ◯◯게 함으로 ◯◯를 받아
◯◯◯의 ◯◯시고 ◯◯하시고 ◯◯하신 ◯이 무엇인지
◯◯하도록 하라(◯◯서 ◯◯장 ◯절)

미션2 한 주 먼저 말씀 묵상하기

본문: 고린도전서 3장 1-9절

1 형제들아 내가 신령한 자들을 대함과 같이 너희에게 말할 수 없어서 육신에 속한 자 곧 그리스도 안에서
어린 아이들을 대함과 같이 하노라
2 내가 너희를 젖으로 먹이고 밥으로 아니하였노니 이는 너희가 감당하지 못하였음이거니와 지금도 못하리라
3 너희는 아직도 육신에 속한 자로다 너희 가운데 시기와 분쟁이 있으니 어찌 육신에 속하여 사람을 따라 행함이
아니리요
4 어떤 이는 말하되 나는 바울에게라 하고 다른 이는 나는 아볼로에게라 하니 너희가 육의 사람이 아니리요
5 그런즉 아볼로는 무엇이며 바울은 무엇이냐 그들은 주께서 각각 주신 대로 너희로 하여금 믿게 한 사역자들이니라
6 나는 심었고 아볼로는 물을 주었으되 오직 하나님께서 자라나게 하셨나니
7 그런즉 심는 이나 물 주는 이는 아무 것도 아니로되 오직 자라게 하시는 이는 하나님뿐이니라
8 심는 이와 물 주는 이는 한가지이나 각각 자기가 일한 대로 자기의 상을 받으리라
9 우리는 하나님의 동역자들이요 너희는 하나님의 밭이요 하나님의 집이니라

♥ 본문 말씀을 읽은 후, 내용을 묵상하며 적어보세요.

1. 바울은 무엇을 보고 고린도교회가 왜 아직도 육신에 속한 자라고 했나요? (고린도전서 3장 3절)

2. 심는 이, 물 주는 이, 자라나게 하시는 이는 각각 누구를 말 하나요? (고린도전서 3장 6절)

심는 이: ________ , 물 주는 이: ________ , 자라나게 하시는 이: ________

미션3 단원 영상 보고 요약하기(가사 써보기)

4단원 영상

질문 있어요!

체크하기

복습앱	미션1	미션2	미션3

17과 교회는 왜 하나 되기를 힘써야 하나요?

고린도전서 3장 1-9절

성경이야기

Point 교회는 하나님 나라를 위해 하나 되기를 힘써요.

고린도교회에 어려움이 생겼어요. 그것은 교인들 사이에 "나는 바울 편이야!", "나는 아볼로 편이야!" 하며 서로 나뉘게 된 거예요. 바울은 이런 고린도의 교인들을 '어린아이', '육신에 속 한 자'라고 했어요. 바울은 고린도의 교인들에게 복음의 씨를 심었고, 아볼로는 물을 주는 역할을 했어요. 하지만 이들의 믿음을 자라게 하신 분은 오직 하나님이세요. 교회의 일꾼들은 하나님의 종들이고, 하나님의 동역자들이에요. 우리는 하나님의 밭이고, 하나님의 집이에요.

교회는 하나님 나라를 위해 하나 되기를 힘써야 해요. 교회가 하나 될 수 있도록 우리도 노력해요.

미션1 요절 카드로 암송하고 빈칸 채우며 확인하기 (고린도전서 3장 9절)

○○는 ○○○의 ○○○들이요 ○○는 ○○○의 ○이요
○○○의 ○이니라(○○○○서 ○장 ○절)

미션2 한 주 먼저 말씀 묵상하기

본문: 고린도전서 13장 1-7절

1 내가 사람의 방언과 천사의 말을 할지라도 사랑이 없으면 소리 나는 구리와 울리는 꽹과리가 되고
2 내가 예언하는 능력이 있어 모든 비밀과 모든 지식을 알고 또 산을 옮길 만한 모든 믿음이 있을지라도
사랑이 없으면 내가 아무 것도 아니요
3 내가 내게 있는 모든 것으로 구제하고 또 내 몸을 불사르게 내줄지라도 사랑이 없으면 내게 아무 유익이 없느니라
4 사랑은 오래 참고 사랑은 온유하며 시기하지 아니하며 사랑은 자랑하지 아니하며 교만하지 아니하며
5 무례히 행하지 아니하며 자기의 유익을 구하지 아니하며 성내지 아니하며 악한 것을 생각하지 아니하며
6 불의를 기뻐하지 아니하며 진리와 함께 기뻐하고
7 모든 것을 참으며 모든 것을 믿으며 모든 것을 바라며 모든 것을 견디느니라

♥ 본문 말씀을 읽은 후, 내용을 묵상하며 적어보세요.

1. '없으면'이라는 단어에 동그라미(○)하고 무엇이 필요하다는 것인지 생각해 보세요.
(고린도전서 13장 1-3절)

2. 사랑은 어떻게 행하는 것인가요? 관련된 내용을 찾아 밑줄을 그어보세요.
(고린도전서 13장 4-7절)

미션3 이달의 나의 기도제목 쓰기

질문 있어요!

체크하기

복습앱	미션1	미션2	미션3

18과

고린도전서 13장 1-7절

교회는 무엇으로 하나 되나요?

Point 교회는 사랑으로 섬기며 하나 돼요.

성경이야기

하나님은 고린도교회 각 사람에게 서로 다른 은사를 주셨어요. 그런데 고린도교회 교인들은 서로의 은사를 비교하며 무시하거나 질투했어요. 바울은 각 사람의 모든 은사가 동등하고 소중하다고 말했어요. 그리고 더욱 큰 은사를 사모하라고 했어요. 그것은 바로 '사랑'이에요. 어떤 다른 은사도 사랑이 없으면 아무런 유익이 없어요.

사랑은 언제나 오래 참아요. 사랑은 시기하지도, 자랑하지도, 교만하지도 않아요. 사랑은 모든 것을 참고 믿고 바라는 것이에요. 우리가 서로 사랑할 때 교회는 하나가 될 수 있어요. 교회는 사랑으로 섬기며 하나 돼요.

미션1 요절 카드로 암송하고 빈칸 채우며 확인하기 (고린도전서 13장 4절)

요절챈트♪

○○은 ○○ 참고 ○○은 ○○하며 ○○하지 아니하며
○○은 ○○하지 아니하며 ○○하지 아니하며
(○○○○서 ○○장 ○절)

미션2 한 주 먼저 말씀 묵상하기

본문: 고린도후서 4장 7-18절

7 우리가 이 보배를 질그릇에 가졌으니 이는 심히 큰 능력은 하나님께 있고 우리에게 있지 아니함을 알게 하려 함
이라 8 우리가 사방으로 우겨쌈을 당하여도 싸이지 아니하며 답답한 일을 당하여도 낙심하지 아니하며 9 박해를 받
아도 버린 바 되지 아니하며 거꾸러뜨림을 당하여도 망하지 아니하고 10 우리가 항상 예수의 죽음을 몸에 짊어짐은
예수의 생명이 또한 우리 몸에 나타나게 하려 함이라 11 우리 살아 있는 자가 항상 예수를 위하여 죽음에 넘겨짐은
예수의 생명이 또한 우리 죽을 육체에 나타나게 하려 함이라 12 그런즉 사망은 우리 안에서 역사하고 생명은 너희
안에서 역사하느니라 13 기록된 바 내가 믿었으므로 말하였다 한 것 같이 우리가 같은 믿음의 마음을 가졌으니 우
리도 믿었으므로 또한 말하노라 14 주 예수를 다시 살리신 이가 예수와 함께 우리도 다시 살리사 너희와 함께 그 앞
에 서게 하실 줄을 아노라 15 이는 모든 것이 너희를 위함이니 많은 사람의 감사로 말미암아 은혜가 더하여 넘쳐서
하나님께 영광을 돌리게 하려 함이라 16 그러므로 우리가 낙심하지 아니하노니 우리의 겉사람은 낡아지나 우리의
속사람은 날로 새로워지도다 17 우리가 잠시 받는 환난의 경한 것이 지극히 크고 영원한 영광의 중한 것을 우리에
게 이루게 함이니 18 우리가 주목하는 것은 보이는 것이 아니요 보이지 않는 것이니 보이는 것은 잠깐이요 보이지
않는 것은 영원함이라

♥ 본문 말씀을 읽은 후, 내용을 묵상하며 적어보세요.

1. 우리는 보배를 어디에 가지고 있다고 하나요? (고린도후서 4장 7절)

2. 우리가 낙심하지 아니하는 이유는 무엇인가요? (고린도후서 4장 16절)

미션3 하나 실천 계획

이번 주 하나님을 기쁘시게 해 드릴 수 있는 일을 적고 실천해요.

질문 있어요!

체크하기

복습앱	미션1	미션2	미션3

19과

고린도후서 4장 7-18절

교회는 어떤 곳인가요?

성경이야기

Point 교회는 연약하나 하나님의 능력을 나타내는 곳이에요.

바울은 질그릇 같은 우리 안에 보배가 담겨있다고 했어요. 그 보배는 우리에게 구원과 영원한 영광을 주시는 예수님이에요. 우리는 질그릇과 같이 연약하지만, 우리 안에 보배이신 예수님이 계셔요. 바울은 복음을 전하면서 많은 어려움을 당했어요. 하지만 바울은 고난 속에서 일으켜 주시는 하나님의 능력을 경험했어요. 고난을 이기는 힘은 바울에게서 나오지 않고, 하나님으로부터 온 것이에요. 바울은 하나님의 능력으로 다시 일어나고 복음을 전하는 일을 멈추지 않았어요. 교회는 연약하지만, 하나님의 능력이 나타나는 곳이에요. 우리도 연약한 존재이지만 하나님의 능력을 의지해요.

미션1 요절 카드로 암송하고 빈칸 채우며 확인하기 (고린도후서 4장 7절)

◯◯가 이 ◯◯를 ◯◯◯에 가졌으니
이는 심히 ◯◯◯은 ◯◯◯께 있고
◯◯에게 있지 ◯◯◯을 알게 하려 함이라 (◯◯◯◯서 ◯장 ◯절)

미션2 한 주 먼저 말씀 묵상하기

본문: 갈라디아서 5장 16-26절

16 내가 이르노니 너희는 성령을 따라 행하라 그리하면 육체의 욕심을 이루지 아니 하리라
17 육체의 소욕은 성령을 거스르고 성령은 육체를 거스르나니 이 둘이 서로 대적함으로
너희가 원하는 것을 하지 못하게 하려 함이니라
18 너희가 만일 성령의 인도하시는 바가 되면 율법 아래에 있지 아니하리라
19 육체의 일은 분명하니 곧 음행과 더러운 것과 호색과
20 우상 숭배와 주술과 원수 맺는 것과 분쟁과 시기와 분냄과 당 짓는 것과 분열함과 이단과
21 투기와 술 취함과 방탕함과 또 그와 같은 것들이라 전에 너희에게 경계한 것 같이 경계하노니
이런 일을 하는 자들은 하나님의 나라를 유업으로 받지 못할 것이요
22 오직 성령의 열매는 사랑과 희락과 화평과 오래 참음과 자비와 양선과 충성과
23 온유와 절제니 이같은 것을 금지할 법이 없느니라
24 그리스도 예수의 사람들은 육체와 함께 그 정욕과 탐심을 십자가에 못 박았느니라
25 만일 우리가 성령으로 살면 또한 성령으로 행할지니
26 헛된 영광을 구하여 서로 노엽게 하거나 서로 투기하지 말지니라

♥ 본문 말씀을 읽은 후, 내용을 묵상하며 적어보세요.

1. 육체의 일을 나타내는 단어를 동그라미(◯) 하세요. (갈라디아서 5장 19-21절)

2. 성령의 열매는 무엇인가요? 몇 가지 인지 세어 보세요. (갈라디아서 5장 22-23절)

미션3 단원 영상 보고 요약하기(가사 써보기)

5단원 영상

질문 있어요!

체크하기

복습앱 미션1 미션2 미션3

그리스도인은 어떤 열매를 맺으며 살아야 하나요?

20과

갈라디아서 5장 16-26절

성경이야기

Point 그리스도인은 성령의 열매를 맺으며 살아요.

갈라디아교회에 다른 복음이 들어왔어요. 갈라디아 교회 성도들은 복음이 주는 자유를 누리지 못했어요. 바울은 갈라디아교회에 편지했어요. 자유를 누리는 삶을 살려면 성령을 따라서 행해야 해요. 성령과 육체의 욕심은 항상 대립해요. 육체의 욕심을 이기는 길은 성령을 따라 사는 거예요. 육체의 욕심을 따라 사는 사람은 하나님 나라를 위해 살 수 없어요. 하지만 성령의 인도함을 받으면 성령의 열매를 맺어요.

성령의 열매는 사랑, 희락, 화평, 오래 참음, 자비, 양선, 충성, 온유와 절제예요. 예수님을 믿는 사람은 육체의 욕심을 십자가에 못 박았어요. 그래서 성령을 따라 성령의 열매를 맺을 수 있어요. 우리도 성령의 열매를 맺으며 살아요.

미션1 요절 카드로 암송하고 빈칸 채우며 확인하기 (갈라디아서 5장 22-23절)

요절챈트♪

오직 ◯◯의 ◯◯는 ◯◯과 ◯◯과 ◯◯과 오래 참음과
◯◯와 양선과 ◯◯과 온유와 ◯◯니
이같은 것을 ◯◯◯ 법이 없느니라(◯◯◯◯서 ◯장 ◯◯-◯◯절)

미션2 한 주 먼저 말씀 묵상하기

본문: 에베소서 6장 10-18절

10 끝으로 너희가 주 안에서와 그 힘의 능력으로 강건하여지고
11 마귀의 간계를 능히 대적하기 위하여 하나님의 전신 갑주를 입으라
12 우리의 씨름은 혈과 육을 상대하는 것이 아니요 통치자들과 권세들과 이 어둠의 세상 주관자들과 하늘에 있는
악의 영들을 상대함이라
13 그러므로 하나님의 전신 갑주를 취하라 이는 악한 날에 너희가 능히 대적하고 모든 일을 행한 후에 서기 위함이라
14 그런즉 서서 진리로 너희 허리 띠를 띠고 의의 호심경을 붙이고
15 평안의 복음이 준비한 것으로 신을 신고
16 모든 것 위에 믿음의 방패를 가지고 이로써 능히 악한 자의 모든 불화살을 소멸하고
17 구원의 투구와 성령의 검 곧 하나님의 말씀을 가지라
18 모든 기도와 간구를 하되 항상 성령 안에서 기도하고 이를 위하여 깨어 구하기를 항상 힘쓰며 여러 성도를 위하
여 구하라

♥ 본문 말씀을 읽은 후, 내용을 묵상하며 적어보세요.

1. 마귀의 간계를 능히 대적하기 위해서 어떻게 해야 하나요? (에베소서 6장 11절)

2. '성령의 검'은 곧 무엇인가요? (에베소서 6장 17절)

미션3 이달의 나의 기도제목 쓰기

질문 있어요!

체크하기

복습앱	미션1	미션2	미션3

21과

에베소서 6장 10-18절

그리스도인은 어떻게 승리하며 사나요?

성경이야기

Point 그리스도인은 하나님의 전신 갑주를 입고 승리하며 살아요.

바울은 에베소교회에 싸워야 할 대상과 방법을 알려주고 있어요. 싸움의 대상은 마귀예요. 눈에 보이지 않지만 아주 치열한 전쟁이 벌어지고 있어요. 이 영적 전쟁에서 나의 힘으로는 이길 수 없어요. 승리하기 위해서는 그리스도 안에서 강해야 해요. 그리고 바울은 승리하기 위해 하나님의 전신 갑주를 입으라고 말해요.

당시 로마 군인의 전투 복장처럼 전신 갑주를 소개해요. 진리의 허리띠, 의의 호심경, 복음의 신발, 믿음의 방패, 구원의 투구는 온몸을 방어해요. 그리고 공격무기인 성령의 검을 가지라고 해요. 우리도 하나님의 전신 갑주를 입고 영적 전쟁에서 승리하며 살아요.

미션1 요절 카드로 암송하고 빈칸 채우며 확인하기 (에베소서 6장 13절)

그러므로 ○○○의 ○○ ○○를 취하라

이는 ○○ 날에 ○○가 능히 ○○하고

○○ 일을 ○○ 후에 ○○ 위함이라(○○○서 ○장 ○○절)

미션2 한 주 먼저 말씀 묵상하기

본문: 빌립보서 4장 4-7절

4 주 안에서 항상 기뻐하라 내가 다시 말하노니 기뻐하라
5 너희 관용을 모든 사람에게 알게 하라 주께서 가까우시니라
6 아무 것도 염려하지 말고 다만 모든 일에 기도와 간구로
너희 구할 것을 감사함으로 하나님께 아뢰라
7 그리하면 모든 지각에 뛰어난 하나님의 평강이 그리스도 예수 안에서
너희 마음과 생각을 지키시리라

♥ 본문 말씀을 읽은 후, 내용을 묵상하며 적어보세요.

1. 바울은 빌립보교회 성도들에게 항상 어떻게 하라고 했나요? (빌립보서 4장 4절)

2. 아무 것도 염려하지 말고 어떻게 해야 하나요? (빌립보서 4장 6절)

미션3 하나 실천 계획

이번 주 하나님을 기쁘시게 해 드릴 수 있는 일을 적고 실천해요.

질문 있어요!

체크하기

복습앱 | 미션1 | 미션2 | 미션3

22과 그리스도인은 어떤 모습으로 사나요?

빌립보서 4장 4-7절

성경이야기

Point 그리스도인은 항상 모든 일에 기도하며 기쁨으로 살아요.

바울이 유럽에 세운 첫 번째 교회가 빌립보교회에요. 빌립보교회 성도들은 감옥에 있는 바울을 많이 걱정했지만, 교회 안에서 성도들은 하나 되지 못했어요. 바울은 빌립보교회 성도들에게 편지했어요. 바울은 '주 안에서 항상 기뻐하라'고 했어요. '주 안에서'는 주님과 늘 연합되어 있음을 말해요. 지금 겪고 있는 모든 상황이 역사의 주인이신 주님 안에 있다는 것을 알면 상황을 뛰어넘는 기쁨을 누릴 수 있다는 거예요. 그리고 모든 사람에게 관용을 보이라고 했어요. 관용은 온화하고 너그러운 마음, 용납하고 인내하는 마음이에요. 또한, 아무것도 염려하지 말고 모든 일에 감사함으로 기도하라고 했어요. 그러면 하나님의 평강이 우리의 마음과 생각을 기쁨으로 지켜주세요. 그리스도인은 항상 모든 일에 기도하며 기쁨으로 살아요. 우리도 하나님께 구할 것을 감사함으로 기도하며 기쁨으로 살아야 해요.

미션1 **요절 카드로 암송하고 빈칸 채우며 확인하기** (빌립보서 4장 6절)

아무 것도 ◯◯하지 말고 다만 ◯◯ ◯에 ◯◯와 ◯◯로,
너희 ◯◯ 것을 ◯◯◯으로 ◯◯◯께 ◯◯라(◯◯◯서 ◯장 ◯절)

미션2 한 주 먼저 말씀 묵상하기

본문: 골로새서 1장 15-23절

15 그는 보이지 아니하는 하나님의 형상이시요 모든 피조물보다 먼저 나신 이시니
16 만물이 그에게서 창조되되 하늘과 땅에서 보이는 것들과 보이지 않는 것들과 혹은 왕권들이나
주권들이나 통치자들이나 권세들이나 만물이 다 그로 말미암고 그를 위하여 창조되었고
17 또한 그가 만물보다 먼저 계시고 만물이 그 안에 함께 섰느니라
18 그는 몸인 교회의 머리시라 그가 근본이시요 죽은 자들 가운데서 먼저 나신 이시니
이는 친히 만물의 으뜸이 되려 하심이요
19 아버지께서는 모든 충만으로 예수 안에 거하게 하시고
20 그의 십자가의 피로 화평을 이루사 만물 곧 땅에 있는 것들이나 하늘에 있는 것들이
그로 말미암아 자기와 화목하게 되기를 기뻐하심이라
21 전에 악한 행실로 멀리 떠나 마음으로 원수가 되었던 너희를
22 이제는 그의 육체의 죽음으로 말미암아 화목하게 하사 너희를 거룩하고 흠 없고
책망할 것이 없는 자로 그 앞에 세우고자 하셨으니
23 만일 너희가 믿음에 거하고 터 위에 굳게 서서 너희 들은 바 복음의 소망에서 흔들리지 아니하면 그리하리라
이 복음은 천하 만민에게 전파된 바요 나 바울은 이 복음의 일꾼이 되었노라

♥ 본문 말씀을 읽은 후, 내용을 묵상하며 적어보세요.

1. 본문에서 말하는 '그'는 누구를 말하는 것일까요? (골로새서 1장 15-18절)

2. 악한 행실로 멀리 떠나 마음으로 원수가 되었던 우리를 무엇으로 화목하게 하셨나요? (골로새서 1장 22절)

미션3 단원 영상 보고 요약하기(가사 써보기)

6단원 영상

질문 있어요!

체크하기

복습앱	미션1	미션2	미션3

종려주일

마태복음 26장 36-46절

예수님은 고난을 앞두고 어떻게 하셨나요?

성경이야기

Point 예수님은 하나님의 뜻대로 순종하셨어요.

예수님은 제자들과 마지막 식사를 마치신 후 함께 겟세마네 동산으로 올라가셨어요. 그리고 제자들에게 기도를 부탁하신 뒤 제자들과 조금 떨어진 곳에서 기도하셨어요. 하지만 제 자들은 모두 잠이 들었어요. 예수님은 하나님께 만일 할 만하시거든 십자가 지는 일이 없게 해달라고 기도하셨어요. 그러나 자신의 뜻이 아니라 하나님의 뜻대로 되기를 원한다고 기도하셨어요.

기도를 마치신 후 예수님은 제자들에게 "일어나라! 함께 가자"고 말씀하시며 순종함으로 십 자가를 지셨어요. 예수님은 하나님의 뜻대로 순종하셨어요. 우리도 예수님처럼 하나님의 뜻대로 순종하기 위해서 기도해요.

미션1 요절 카드로 암송하고 빈칸 채우며 확인하기 (마태복음 26장 39절 하반절)

내 ○○○여 만일 할 만하시거든 이 ○을 내게서 ○○○게 하옵소서

그러나 ○의 ○○로 ○○○고 ○○○의 ○대로 ○○소서 하시고

(○○복음 ○○장 ○○절 하반절)

미션2 말씀 묵상하기

본문: 마태복음 26장 36-46절

36 이에 예수께서 제자들과 함께 겟세마네라 하는 곳에 이르러 제자들에게 이르시되 내가 저기 가서 기도할 동안에
너희는 여기 앉아 있으라 하시고 37 베드로와 세베대의 두 아들을 데리고 가실새 고민하고 슬퍼하사 38 이에 말씀하
시되 내 마음이 매우 고민하여 죽게 되었으니 너희는 여기 머물러 나와 함께 깨어 있으라 하시고 39 조금 나아가사
얼굴을 땅에 대시고 엎드려 기도하여 이르시되 내 아버지여 만일 할 만하시거든 이 잔을 내게서 지나가게 하옵소
서 그러나 나의 원대로 마시옵고 아버지의 원대로 하옵소서 하시고 40 제자들에게 오사 그 자는 것을 보시고 베드
로에게 말씀하시되 너희가 나와 함께 한 시간도 이렇게 깨어 있을 수 없더냐 41 시험에 들지 않게 깨어 기도하라 마
음에는 원이로되 육신이 약하도다 하시고 42 다시 두 번째 나아가 기도하여 이르시되 내 아버지여 만일 내가 마시
지 않고는 이 잔이 내게서 지나갈 수 없거든 아버지의 원대로 되기를 원하나이다 하시고 43 다시 오사 보신즉 그들
이 자니 이는 그들의 눈이 피곤함일러라 44 또 그들을 두시고 나아가 세 번째 같은 말씀으로 기도하신 후 45 이에 제
자들에게 오사 이르시되 이제는 자고 쉬라 보라 때가 가까이 왔으니 인자가 죄인의 손에 팔리느니라 46 일어나라
함께 가자 보라 나를 파는 자가 가까이 왔느니라

♥ 본문 말씀을 읽은 후, 내용을 묵상하며 적어보세요.

1. 예수님이 기도할 동안에 제자들은 어떻게 하라고 하셨나요? (마태복음 26장 36-38절)

2. 예수님은 어떤 기도를 하셨나요? 예수님의 기도에 밑줄을 그어 보세요. (마태복음 26장 39, 42절)

미션3 하나 실천 계획

이번 주 하나님을 기쁘시게 해 드릴 수 있는 일을 적고 실천해요.

질문 있어요!

체크하기

복습앱	미션1	미션2	미션3

부활주일

예수님은 어떻게 부활하셨나요?

고린도전서 15장 4-8, 14-20절

성경이야기

Point 예수님은 역사 안에서 실제로 부활하셨어요.

십자가에 달려 돌아가신 예수님은 삼 일 만에 부활하셨어요. 예수님의 부활을 목격한 많은 사람이 있었어요. 예수님이 십자가에 달려 죽으시고 사흘이 된 아침, 예수님의 빈 무덤과 부활하신 예수님을 만난 몇몇 여인들, 빈 무덤에 찾아간 후 예수님을 만나 베드로, 예수님이 못 박힌 손을 보여주신 도마가 부활하신 예수님을 만났어요. 그 후에 오백여 형제에게 한 번에 보이셨고, 야고보와 바울에게도 보이셨어요.

예수님은 말씀대로 부활하셨고, 예수님의 부활을 본 많은 사람이 있었어요. 이렇게 예수님은 역사 안에서 실제로 부활하셨어요. 우리도 예수님의 부활을 믿어요.

미션1 요절 카드로 암송하고 빈칸 채우며 확인하기 (고린도전서 15장 4절)

◯◯ 지낸 바 되셨다가 ◯◯대로 ◯◯ 만에
다시 ◯◯◯사(◯◯◯전서 ◯◯장 ◯절)

미션2 말씀 묵상하기

본문: 고린도전서 15장 4-8, 14-20절

4 장사 지낸 바 되셨다가 성경대로 사흘 만에 다시 살아나사 5 게바에게 보이시고 후에 열두 제자에게와 6 그 후에
오백여 형제에게 일시에 보이셨나니 그 중에 지금까지 대다수는 살아 있고 어떤 사람은 잠들었으며 7 그 후에 야고
보에게 보이셨으며 그 후에 모든 사도에게와 8 맨 나중에 만삭되지 못하여 난 자 같은 내게도 보이셨느니라.

14 그리스도께서 만일 다시 살아나지 못하셨으면 우리가 전파하는 것도 헛것이요 또 너희 믿음도 헛것이며 15 또 우
리가 하나님의 거짓 증인으로 발견되리니 우리가 하나님이 그리스도를 다시 살리셨다고 증언하였음이라 만일 죽
은 자가 다시 살아나는 일이 없으면 하나님이 그리스도를 다시 살리지 아니하셨으리라 16 만일 죽은 자가 다시 살
아나는 일이 없으면 그리스도도 다시 살아나신 일이 없었을 터이요 17 그리스도께서 다시 살아나신 일이 없으면 너
희의 믿음도 헛되고 너희가 여전히 죄 가운데 있을 것이요 18 또한 그리스도 안에서 잠자는 자도 망하였으리니 19
만일 그리스도 안에서 우리가 바라는 것이 다만 이 세상의 삶뿐이면 모든 사람 가운데 우리가 더욱 불쌍한 자이리
라 20 그러나 이제 그리스도께서 죽은 자 가운데서 다시 살아나사 잠자는 자들의 첫 열매가 되셨도다

♥ 본문 말씀을 읽은 후, 내용을 묵상하며 적어보세요.

1. 부활하신 예수님을 만난 사람은 누구인가요? 동그라미(◯) 해보세요. (고린도전서 15장 5-8절)

2. 우리의 전파하는 것과 믿음이 헛되지 않은 이유는 무엇인가요? (고린도전서 15장 20절)

미션3 감사 제목 3가지 쓰기

1.

2.

3.

질문 있어요!

체크하기

복습앱	미션1	미션2	미션3

어린이 주일

누가복음 2장 40, 52절

예수님은 어떻게 자라나셨나요?

성경이야기

Point 예수님은 자라가며 하나님과 사람에게 사랑스러워 가셨어요.

예수님이 열두 살 때, 부모님과 함께 유월절을 지키기 위해 예루살렘으로 가셨어요. 유월절을 지키고 집으로 돌아가는데, 아무리 둘러봐도 예수님이 보이지 않았어요. 마리아와 요셉은 여기저기 예수님을 찾은 끝에 3일 만에 성전에서 예수님을 찾았어요. 예수님은 성전에서 성경을 가르치고 연구하는 선생들에게 말씀을 듣기도 하고 묻고 있었어요. 선생들은 예수님의 지혜에 깜짝 놀랐어요. 예수님은 지혜와 키가 더욱 자랐고, 하나님과 사람들로부터 사랑을 받았어요.

우리도 예수님처럼 하나님과 사람에게 사랑받는 어린이로 자라가요.

미션1 요절 카드로 암송하고 빈칸 채우며 확인하기 (누가복음 2장 52절)

○○는 ○○와 ○가 자라가며 ○○○과 ○○에게

더욱 ○○스러워 ○○더라(○○복음 ○장 ○○절)

미션2 말씀 묵상하기

본문: 누가복음 2장 40-52절

40 아기가 자라며 강하여지고 지혜가 충만하며 하나님의 은혜가 그의 위에 있더라 41 그의 부모가 해마다 유월절이
되면 예루살렘으로 가더니 42 예수께서 열두 살 되었을 때에 그들이 이 절기의 관례를 따라 올라갔다가 43 그 날들
을 마치고 돌아갈 때에 아이 예수는 예루살렘에 머무셨더라 그 부모는 이를 알지 못하고 44 동행 중에 있는 줄로 생
각하고 하룻길을 간 후 친족과 아는 자 중에서 찾되 45 만나지 못하매 찾으면서 예루살렘에 돌아갔더니 46 사흘 후
에 성전에서 만난즉 그가 선생들 중에 앉으사 그들에게 듣기도 하시며 묻기도 하시니 47 듣는 자가 다 그 지혜와 대
답을 놀랍게 여기더라 48 그의 부모가 보고 놀라며 그의 어머니는 이르되 아이야 어찌하여 우리에게 이렇게 하였느
냐 보라 네 아버지와 내가 근심하여 너를 찾았노라 49 예수께서 이르시되 어찌하여 나를 찾으셨나이까 내가 내 아
버지 집에 있어야 될 줄을 알지 못하셨나이까 하시니 50 그 부모가 그가 하신 말씀을 깨닫지 못하더라 51 예수께서
함께 내려가사 나사렛에 이르러 순종하여 받드시더라 그 어머니는 이 모든 말을 마음에 두니라 52 예수는 지혜와
키가 자라가며 하나님과 사람에게 더욱 사랑스러워 가시더라

♥ 본문 말씀을 읽은 후, 내용을 묵상하며 적어보세요.

1. 빈칸에 알맞은 단어를 써보세요. (누가복음 2장 40절)

   "아기가 자라며 강하여지고 지혜가 충만하며 (   )가 그 위에 있더라"

2. 예수님은 지혜와 키가 자라가며 누구에게 더욱 사랑스러워 가셨나요? (누가복음 2장 52절)

미션3 하나 실천 계획

이번 주 하나님을 기쁘시게 해 드릴 수 있는 일을 적고 실천해요.

질문 있어요!

체크하기

복습앱	미션1	미션2	미션3

어버이 주일

에베소서 6장 1-4절

자녀들은 부모님께 어떻게 해야 하나요?

성경이야기

Point 주님 안에서 부모님께 순종해요.

바울은 에베소교회에 보낸 편지에서 '자녀들아 주 안에서 순종하라'고 말했어요. 우리를 길러 주시고 보살펴 주시는 부모님께 순종하는 것은 바로 하나님의 뜻이에요.

바울은 또 우리가 이렇게 주님 안에서 부모님께 순종할 때 우리가 하는 일이 잘되고, 이 땅에서 장수할 것이라고 말해요. 그리고 부모님은 오직 주님의 훈계와 가르침으로 자녀를 잘 키우라고 말해요. 부모님께 순종하는 것은 주님을 믿는 사람으로서 옳은 일이에요.

우리도 주님 안에서 부모님께 순종하고 부모님을 공경해요.

미션1 요절 카드로 암송하고 빈칸 채우며 확인하기 (에베소서 6장 1절)

○○들아 ○ ○에서 너희 ○○에게 ○○하라

이것이 ○○니라(○○○서 ○장 ○절)

미션2 말씀 묵상하기

본문: 에베소서 6장 1-4절

1 자녀들아 주 안에서 너희 부모에게 순종하라 이것이 옳으니라
2 네 아버지와 어머니를 공경하라 이것은 약속이 있는 첫 계명이니
3 이로써 네가 잘되고 땅에서 장수하리라
4 또 아비들아 너희 자녀를 노엽게 하지 말고 오직 주의 교훈과 훈계로 양육하라

♥ 본문 말씀을 읽은 후, 내용을 묵상하며 적어보세요.

1. 자녀들은 부모님께 어떻게 하는 것이 옳은가요? (에베소서 6장 1절)

2. '약속이 있는 첫 계명'은 무엇인가요? 그 약속은 무엇인지 십계명에서 찾아 써보세요. (에베소서 6장 2절, 출애굽기 20장 12절)

미션3 감사 제목 3가지 쓰기

1.

2.

3.

질문 있어요!

체크하기

복습앱	미션1	미션2	미션3

미션 체크리스트

과별 모든 미션을 실천한 후 미션북 부록 스티커를 하나씩 붙여 주세요.

1단원	1과 스티커를 붙여주세요	2과 스티커를 붙여주세요	3과 스티커를 붙여주세요	4과 스티커를 붙여주세요
2단원	5과 스티커를 붙여주세요	6과 스티커를 붙여주세요	7과 스티커를 붙여주세요	8과 스티커를 붙여주세요
3단원	9과 스티커를 붙여주세요	10과 스티커를 붙여주세요	11과 스티커를 붙여주세요	12과 스티커를 붙여주세요
4단원	13과 스티커를 붙여주세요	14과 스티커를 붙여주세요	15과 스티커를 붙여주세요	16과 스티커를 붙여주세요
5단원	17과 스티커를 붙여주세요	18과 스티커를 붙여주세요	19과 스티커를 붙여주세요	
6단원	20과 스티커를 붙여주세요	21과 스티커를 붙여주세요	22과 스티커를 붙여주세요	
절기&특별공과	종려주일 스티커를 붙여주세요	부활주일 스티커를 붙여주세요	어린이주일 스티커를 붙여주세요	어버이주일 스티커를 붙여주세요

미션북 미션 체크리스트 스티커(학생)

꾸미기 스티커 가위로 오려서 사용하세요.